Im Fuchspelz,
auf der Cola-Kiste

DÜSSELDORF LITERARISCH

DÜSSELDORF

literarisch

Ausgewählt von
Sabine Brenner-Wilczek

Im Fuchs-
pelz,
auf der
Cola-
Kiste

DROSTE VERLAG

Ich küsse Dich mit weitgedachtem Rüssel
Aus Düssel.

(Joachim Ringelnatz)

Inhalt

16. UND 17. JAHRHUNDERT

---

19. JAHRHUNDERT

20. UND 21. JAHRHUNDERT

12

16. und 17. Jahrhundert

Johann von Wassenbergh

Albrecht Dürer

Fabio Chigi

Balthasar Monconys

Gilbert Burnet

Jean Leonhard

Vincenzo Coronelli

---

*M*it der Schilderung eines wahrlich festlichen Ereignisses aus dem Jahr 1510 beginnt die Textauswahl über Düsseldorf aus sechs Jahrhunderten: Der Kaplan Johann von Wassenbergh beschreibt die Vermählungszeremonie des Klever Erbprinzen Johann mit Maria, dem einzigen Kind von Herzog Wilhelm III. von Berg und Jülich und Grafen von Ravensberg. Nach dem baldigen Tod des Schwiegervaters und dem Ableben seines Vaters vereinigt Erbprinz Johann seine Hoheitsgebiete, die nun gleich über zwei Residenzen verfügen: Düsseldorf und Kleve.

Düsseldorf, das seit 1288 Stadtrechte besitzt, ist in den Augen Albrecht Dürers allerdings nur »ein Stättlein«. 1520 unternimmt er mit seiner Frau Agnes eine Reise in die Niederlande. Die Etappen der Reise führen ihn auch über Zons, Neuss, Düsseldorf und Kaiserswerth bis nach Nimwegen. In seinem Tagebuch, das viele kaufmännische Einträge erhält, beschreibt er seine Eindrücke.

Auch der päpstliche Legat Fabio Chigi und spätere Papst Alexander VII. weilt auf der Durchreise in Düsseldorf. Er nimmt an den Friedensverhandlungen von Münster und Osnabrück teil, die den Dreißigjährigen Krieg beenden. Auf der Hinreise nach Münster übernachtet er 1644 in Düsseldorf.

Den Aufenthalt einer Königin um 1690 schildert Jean Leonhard, der vermutlich zu Anna Marias Gefolge gehört. Anna Maria war die Tochter des Pfalzgrafen Philipp Wilhelm und Schwester des Kurfürsten Johann Wilhelm der als »Jan Wellem« bis heute sehr bekannt ist. Durch geschickte Verheiratungspolitik verschaffte Philipp Wilhelm drei seiner Töchter Kronen: Anna Maria heiratete den König von Spanien. Sie reiste von Düsseldorf über Vlissingen nach Spanien.

Ergänzt wird das erste Kapitel durch weitere spannende Reisebeschreibungen, abschließend mit der Schilderung des Italieners Vincenzo Coronelli während der Herrschaft des Kurfürsten Johann Wilhelm.

MIT 300 REITERN NACH DÜSSELDORF
(1510)

Im Jahr des Herrn 1510. In diesem Jahr am Sonntag nach Michaelis, das war der 6. Oktober, fand in Düsseldorf die Hochzeit des Erbprinzen Johann von Kleve mit der Prinzessin Maria statt. Sie war die Erbtochter Herzog Wilhelms III. von Berg und Jülich und seiner Gemahlin Sybilla, einer Tochter des Markgrafen Albrecht von Brandenburg. Der Erbprinz ritt in festlichem Zug mit 300 Reitern von Kleve nach Duisburg und nach Düsseldorf. Seine Leute trugen Rüstungen mit den Wappen klevischer und märkischer Ritter und waren kostbar und glänzend ausgerüstet.

In Düsseldorf fand im Schloß drei Tage lang ein prachtvolles Fest statt, wo es erlesene Speisen und Getränke aber keinerlei rohe Kampfspiele gab. Die Verwandtschaft der Braut war ebenfalls in stattlicher Anzahl gekommen, so der Herzog von Sachsen, der Bischof von Münster und sein Bruder, der Domherr in Köln ist, zudem mehrere andere Domherren, der Graf von Waldeck mit seinem Sohn, der Graf von Wied und Moers und viele weitere Grafen, Freiherren und Ritter mit ihren Knappen. Insgesamt waren 72 Damen dort, Gräfinnen, Ritterfrauen und Fräulein aus der Stadt. Der Erbprinz und Bräutigam schenkte jedem Fräulein einen goldenen Ring, wofür er insgesamt 700 Gulden Gold ausgegeben hatte.

Am darauffolgenden Mittwoch ritt der Erbprinz mit seiner Ritterschaft und den Freunden erneut nach Duisburg und gab dort am Abend sowie am folgenden Morgen, und das war am Sankt-Viktorstag, zwei üppige Festmäler, womit er seinen

Freunden in Liebe und Freundschaft seinen Dank abstattete. Nach diesen Festmählern bestieg er sein Roß und ritt mit kleinem Gefolge nach Düsseldorf zu seiner lieben, werten und frischangetrauten Hausfrau zurück. Die anderen Ritter jedoch zogen wieder nach Haus, die klevischen in das Klever Land, die märkischen in die Grafschaft Mark.

In demselben Jahr (1510), am 23. Dezember, brannte die alte Burg zu Düsseldorf gänzlich ab, wobei ein großer Schaden entstand. Es verbrannte das gesamte Silberzeug des alten Herzogs von Jülich, dazu seine kostbaren Kleider, viel Geld und die verschiedensten Schätze in Kisten, Schränken und Tresoren, auch Schriftstücke, Betten, Laken und so weiter. Auf Fahrlässigkeit ging der Brand zurück. Die Köche wollten Speck räuchern und hatten zu diesem Zweck Wacholderreisig aufgeschichtet. Es entzündete sich jedoch während der Nacht, als alle Burgbewohner in tiefem Schlaf lagen. Sie wären auch allesamt in den Flammen umgekommen, hätte nicht ein Bürger in der Stadt das Feuer bemerkt und Alarm geschlagen.

DÜSSELDORFF, EIN STÄTTLEIN
(1520)

Und ich bin frühe von Cöln zu Schiff gefahren am Mittwoch nach Martini… Ich habe 6 Weißpfennig für ein Paar Schuh gegeben. Ich hab 4 Weißpfennig den Boten gegeben. Von Cöln führ ich auf dem Rhein gen Suns. Von Suns gen Nays, von dannen zum Stain, da lagen wir den Tag, verzehrt ich 6 Weißpfennig. Darnach fuhren wir gen Düsseldorf, ein Stättlein, verzehrt 2 Weißpfennig. Von dannen gen Kaiserswördt, von dannen gen Dasperg, auch ein Stättlein, Angrur und an der Rüror, von dannen gen Arschey, ein Staedtlein, von dannen gen Griberg, auch ein Staettlein, da log ich über Nacht und verzehrt 6 Weißpfennig. Von dannen fuhr ich zu diesen Stättlein: die erste Wisel, gen Reß, darnach gen Emrich… Zu Emrich hab ich still gelegen und verzehrt über ein köstlich Mal 3 Weißpfennig. Auch ich hab do conterfet ein Goldschmiedgesellen, den Peter Feuermacher von Antorff her und ein Frauenbild. Und die Ursachen des Stillliegens das war, uns begriff gar ein großer Sturmwind. Mehr verzehrt ich noch 5 Weißpfennig und wechselt 1 fl. zur Zehrung. Auch conterfet ich den Wirt. Und kamen erst den Sonntag gen Neumeg.

Dusseldorff, Rhenus Fluvius, 1. Creutzbruder, 2. Iesuiter Kirch,
Kupferstich, um 1653.

FROHER GESANG, EIN FESTLICHES MAHL
(1644)

Dort am rechten Ufer erscheint eine wehrhafte Stadt nun:
Einst ein bescheidenes Dorf, wo der Düssel spärlich Gewässer
Durch die Wiesen sich wand; sie gab der Stadt ihren Namen.
Dort regiert ein berühmter Fürst aus dem Stamme der Bayern,
Eine machtvolle Herrschergestalt von würdigem Alter. Schnelle
Pferde und Wagen schickt uns der Fürst, und er selber Kommt
uns huldvoll entgegen und heißt uns höflichst willkommen.
An den Stufen der Treppe begrüßt er uns, während die Glocken
Von den Türmen der Stadt die vierte Stunde verkünden. Neu-
lich erschien bereits in Köln der Edelherr Harfe Mit dem
freundlichen Auftrag an uns, im Schlosse des Herzogs Als seine
Gäste zu wohnen und an seiner Tafel zu speisen. Doch ich
kann mich entschuldigen, fernzubleiben dem Mahle; Denn es
ist Fastenzeit, und die schwachen Kräfte des Körpers Sehnen
nach Schlaf sich; ist doch der Morgen die Zeit für Gespräche.
Froher Gesang, ein festliches Mahl mit reichlichem Trunke,
Und ein Gang durch das Schloß, durch die Stadt zu den wehr-
haften Wällen.

Füllten reichlich den nächsten Tag aus. Am folgenden Morgen Brachen wir frühzeitig auf. Der Fürst geleitete selber Uns
zum Schiffe. Es wehte ein leichter Wind, doch in Bälde Brach
ein Sturm los, die Wellen tobten, da schloß ich das Fenster:
Schutz mußt' ich suchen vor den empörten wütenden Winden
Unten im Innern des Schiffes. So sah ich nichts von der Insel
Kaiserwerth am rechten Ufer des Stromes …

KLEINE, HÄSSLICHE STADT
(1663)

Am 9. überquerten wir in einem kleinen Schiff den Rhein, um nach Kaiserswerth zu kommen, das auf der anderen Seite des Rheins liegt. Der Rhein ist an dieser Stelle mindestens ebenso breit wie die Themse bei London …

Nachdem wir im »Goldenen Löwen« gegessen hatten, verließen wir die Stadt, um nach Düsseldorf zu fahren, das eineinhalb Stunden entfernt liegt.

Wir sahen zwei große Bastionen, die mit Ziegelsteinen verkleidet waren. Der Oberstleutnant Johann Simon wollte uns nicht erlauben, sie zu besichtigen und antwortete unserem Dolmetscher, er sei zur Stunde mit Besuchern beschäftigt.

Am Ufer des Flusses, der die Mauern der Stadt umspült, gibt es keine Befestigung, und die geringe Ausdehnung läßt mich annehmen, daß sich auf der Landseite nur vier Bastionen befinden.

Wir kamen in zwei Wagen gegen 5 Uhr in Düsseldorf an. Es ist die Hauptstadt des Herzogtums Berg, das dem Herzog von Neuburg gehört. Sein Palast sieht von außen recht hübsch aus, aber man sagte uns, das Innere sei nichts Besonderes. Dennoch stehen immer mehrere Wachsoldaten vor dem Tor, die einem den Eintritt nur gestatten, wenn man die Erlaubnis des Statthalters hat, den man darum bitten muß. Da man uns sagte, daß er ziemlich abweisend sei und daß es nichts zu sehen gäbe, bemühte ich mich nicht darum.

Es gibt eine Garnison für Infanterie und Kavallerie in der Stadt, und obwohl sie klein und häßlich ist, ist sie doch stark befestigt und hat eine Zitadelle, die von ihr durch einen kleinen Hafen getrennt ist, in den der Rhein wie in einen kleinen Golf hineinreicht, und die so von zwei Seiten umspült wird.

Die Jesuiten haben dort ein sehr schönes Gebäude, das an einem kleinen angrenzenden Platz liegt und von der Schule durch eine Straße getrennt ist. Dort ist ein schönes Seminar für die armen Schüler, das mit dem Geld eines Priesters errichtet wurde, dem man wegen einiger Vergehen den Prozeß gemacht hatte.

Wir wohnten im »Reiter«, in der Nähe des Stadttores, das nahe dem Rhein und der Zitadelle liegt.

Am 10. ritt ich morgens in Begleitung außerhalb der Stadt spazieren, vorbei an dem Ort, den man Zitadelle nennt, die eigentlich nur ein Werk aus zwei mit Ziegeln verkleideten mächtigen Bastionen ist, und die flußaufwärts den Rhein beherrscht und die Stadt, die rundum mit schönen verkleideten Bastionen befestigt ist, von dieser Seite deckt.

Wir reisten in 3 Wagen nach Köln, das rund 7 Meilen entfernt liegt.

... ERSTE BEDEUTENDE STADT
(1686)

Düsseldorf ist die erste bedeutende Stadt, die man erreicht, wenn man von Köln aus rheinabwärts fährt. Sie ist der Sitz des Herzogs von Jülich, der ebenfalls Herzog von Neuburg und ältester Sohn des heutigen pfälzischen Kurfürsten ist. Der Palast ist alt und gotisch, aber die Jesuiten haben hier ein schönes Collegium und eine schöne Kirche, obwohl sie einige Fehler in der Architektur hat. Die protestantische Religion wird hier toleriert und seit einigen Jahren gibt es hier eine Kirche auf Fürsprache des Kurfürsten von Brandenburg. Da dieser in Kleve hinsichtlich der Papisten und ihrer Religionsausübung genau einhält, was er versprochen hat, fordert er mit Recht das gleiche in seiner Nachbarschaft für die Angehörigen seiner Religion.

Die Befestigung ist ziemlich gewöhnlich, d. h. daß die Wälle mit Ziegeln verkleidet sind. Aber Kaiserswerth, das einige Stunden flußabwärts auf der selben Seite liegt und das dem Kurfürsten von Köln gehört, ist sehr gut befestigt, obwohl es eine kleinere Stadt als Düsseldorf ist.

JEAN LEONHARD

BESUCH EINER KÖNIGIN
(um 1690)

Die Königin reiste nach Düsseldorf, ihrem Geburtsort und der Residenz des Kurfürsten. Sie wurde dort mit allen Ehren empfangen und bei ihrer Ankunft ließ sich die Artillerie laut vernehmen. Nachdem die Königin einigen Personen von Rang eine Audienz gewährt hatte, speiste sie in der Öffentlichkeit; alle bedeutenden Leute ihres Gefolges sowie die des Kurfürsten erschienen in großem Staat.

Ihre Majestät, die Königin, hatte die erste Nacht in ihrer neuen Unterkunft sehr angenehm verbracht. Sie hörte die Messe und speiste öffentlich, was die Leute, die sie leidenschaftlich gern essen sehen wollten, zufrieden stimmte. Und da es an diesem Tage nicht sehr heiß war, ließ man sie eintreten. Am Tage des Hlg. Matthäus ging die Königin, nachdem sie in ihren Räumen die Andacht verrichtet hatte, zu den Karmelitessen, wo sie mit seiner Hoheit dem Hochmeister und dem Bischof von Breslau speiste. Wenn Ihre Majestät die Königin zu Tische saß, wurde mittags und abends ein schönes Konzert gegeben. Etwa gegen 10 Uhr abends, als alle bei Tisch saßen, entdeckte man zwei Franzosen, die sich im Zimmer der Königin hinter dem Wandbehang versteckt hatten. Dies verursachte einige Aufregung, aber sie flüchteten so geschickt, daß es unmöglich war sie zu greifen. Ansonsten passierte an diesen zwei Tagen nichts Außergewöhnliches, außer daß die Königin gegen Abend ihr Zimmer verließ, um den Abendtau in einem Blumengarten am Fuße des Schlosses zu genießen; die Annehmlichkeit des Ortes ließ sie einige Zeit dort verweilen.

Die Königin betrachtete eine der Jachten seiner Hoheit, des Kurfürsten, die sehr schön und prächtig war. Kaum hatte sie sie mit ihrem ganzen Hofstaat betreten, als man sie begrüßte und zwar nicht nur mit der Kanone dieser Jacht und denjenigen Ihrer Majestät von England, die hier lagen und auf ihre Abreise warteten, sondern auch mit der Artillerie der Stadt. Nachdem sie die Jacht besichtigt hatte, ließ sie Trompeten, Zymbeln, Oboen und Blockflöten kommen. Diese Musikinstrumente, die man beim klaren Licht der Fackeln hören konnte, während man den Rhein hinauf und hinab fuhr, verliehen der Nacht und dem Ort für alle diejenigen, die sich von den zarten Melodien angezogen fühlten, einen einzigartigen Zauber. Beim Verlassen der Jacht wurden Ihrer Majestät, der Königin, die gleichen Ehren erwiesen wie beim Betreten. Kaum war sie in ihre Räume zurückgekehrt, bat sie zu Abend zu speisen, aber bevor sie sich zu Tische begab, gab sie dem Prinzen von Commercy, diesem tapferen Helden und Neffen des verstorbenen Herzogs von Lothringen, eine Audienz. Am nächsten Morgen verbreitete sich das Gerücht, daß die Schiffe, die wir erwarteten, in Vlissingen angekommen wären. Alle freuten sich, aber wenige Tage später erfuhren wir das Gegenteil... Die Königin verließ nur selten ihr Zimmer, und nichts bereitete ihr größere Freude als Musik und ein Oboenkonzert bei Tisch zu hören... Was die Person der Königin anbetrifft, geschah nichts Bemerkenswertes, aber man befürchtete, Fieber und die Ruhr zu bekommen, die in der Stadt herrschten. Am Michaelstag ging die Königin, nachdem sie ihre Andacht im Schloß verrichtet hatte, zu den Cölestinerinnen; dort speiste sie mit dem Bischof von Breslau, und nach einer kurzen Unterhaltung mit den Nonnen machte sie in ihrer Kutsche eine Fahrt durch die Stadt und wartete auf den Abend, den sie –

wie sie es häufiger tat – zusammen mit dem Bischof von Breslau mit Kartenspielen verbrachte. Die meiste Zeit des Tages verbrachte Ihre Majestät mit dem Schreiben von Briefen nach Deutschland; da sie den wichtigsten Damen der Stadt gestattet hatte, allabendlich zu ihr zu kommen, hatte sie einige kleinere Unterhaltungen mit ihnen, sodaß die Abende schnell vergingen … Die Königin, die wie gewöhnlich in der Öffentlichkeit gegessen hatte, wobei wie immer ein schönes Violin-Blockflöten- oder Oboenkonzert gespielt wurde, sang zu den Klängen des Cembalo; am Abend machte sie einen Spaziergang im Blumengarten und wurde beim Licht der Fackeln zurück in ihre Räume geleitet …

Die Post aus Deutschland war angekommen. Ihre Majestät hatte Briefe aus Deutschland erhalten, die ihr um so angenehmer waren, als sie schon lange darauf gewartet hatte…

Ihre Majestät begleitete Seine Hoheit, ihren Bruder, gefolgt von einem großen Teil des Hofstaats, nach Benrode, um sich dort ein wenig zu amüsieren. Sie trug eine Spitzenkorsage, eine Perücke und einen Hut mit Federn, was ihr bezaubernd stand.

Am Tag der Hlg. Brigitte gab Ihre Majestät, nach ihrer Andacht, dem Prinzen von Ligne, dem Grafen von Urse und dem jungen Prinzen von Nassau eine Audienz, als sie gerade zu Tisch gehen wollte.

Dieser Tag verlief wegen des Konzerts sehr angenehm, und es geschah nichts Außergewöhnliches, außer daß der Marquis von Leyden, der bereits Page Ihrer königlich spanischen Majestät war, die Ehre hatte, ihr die Hand zu küssen. Der Privatsekretär seiner Exzellenz des Marquis von Gastanaga, Gouverneur der Niederlande, hatte die Ehre, Ihrer Majestät im Auftrag seines Herrn eine Schatulle mit den feinsten flämischen Spitzen zu überreichen… Ihre Majestät nahm morgens Arznei ein, da sie sich seit einigen Tagen nicht wohl fühlte; sie aß im Bett zu Mittag und zu Abend. Am gleichen Abend kam durch einen holländischen Kaufmann nochmals das falsche Gerücht auf, daß die Schiffe angekommen seien.

Sie gab dem Herzog von Havré, Ritter des Ordens vom Goldenen Vliess und Grande von Spanien, eine Audienz. Am Geburtstag Ihrer Majestät war der Hof außergewöhnlich munter und prachtvoll: Die Jachten und die Kanonen der Stadt gaben Zeichen der Freude… Dieser Tag war für 13 oder 14 Personen, die den Rhein in einer Schaluppe überqueren wollten, verhängnisvoll: beinahe alle kamen durch eine Unvorsichtigkeit des Steuermanns jämmerlich um.

An Allerheiligen gab Ihre Majestät der Prinzessin Vaudemont, die gerade von einer dreiwöchigen Reise in dieser rauhen Jahreszeit zurückgekehrt war, eine Audienz.

An diesem Tag hatte man ihr, nachdem sie bei den Jesuiten, wo sie tags zuvor war, die Messe gehört hatte, die Briefe aus Deutschland ausgehändigt. Wir erhielten gewisse Hinweise auf die Ankunft der lang erwarteten Schiffe und alle freuten sich über die Maßen. Am Geburtstag des Königs kleidete sich der ganze Hof und insbesondere Ihre Majestät prächtiger als gewöhnlich; man führte die Komödie auf, die man zum Geburtstag der Königin eingeübt hatte; mehrere Personen von sehr hohem Rang fanden sich ein. Man versäumte auch nicht, gegen Abend den königlichen Geburtstag durch Kanonenschüsse bekannt zu geben. Ihre Majestät ging begleitet von Seiner Hoheit und gefolgt von mehreren Karossen am Nachmittag aus, um eine Fahrt durch die Stadt zu machen. Ihre Majestät erhielt die Nachricht von der Ankunft des Kurfürsten in Düsseldorf, worüber sie sich sehr freute. Er händigte ihr dann die Briefe aus, die er von Neuburg und Augsburg mitgebracht hatte. Ihre Majestät bestimmte den Tag dazu, die Nonnen zu besuchen und ihre Reise in deren Gebete aufnehmen zu lassen.

Am Tage der Abfahrt ging Ihre Majestät mit ihren Hoheiten dem Kurfürsten und dem Bischof von Breslau zu den Jesuiten; als die Königin vom Tisch aufgestanden war, gab sie noch der Herzogin von Arenberg eine Audienz im Kollegium, wo sie ihr die gleichen Gefühle königlicher Güte, wie schon Tage zuvor, bezeugte. Ihre Majestät war dabei abzureisen, als alle ihr eine glückliche Reise wünschten. Sie bestieg die Jacht des Königs und der Bischof von Breslau die der Königin von England. Die eine wie die andere Jacht war überaus prächtig. So verließ die Königin Düsseldorf angesichts unendlich vieler Menschen und beim Lärm der Artillerie von den Festungswällen.

DIE DÜSSEL GAB DEN NAMEN
(1697)

Nicht mehr als eine Meile Umfang hat die schöne und reizvolle Stadt Düsseldorf, die Hauptstadt von Berg, die am rechten Rheinufer, 20 Meilen stromabwärts von Köln gelegen ist, und zur Diözese Köln gehört. Der Name der Stadt kommt von dem kleinen Fluß Düssel, der die Stadt durchfließt. Sie ist mit einer Zitadelle befestigt, mit fünf Bollwerken, Halbmonden und einer Contrescarpe, und von einem Gewässer umgeben, das ihr Wasser von der Düssel nimmt …

Es gibt zur Zeit sieben katholische Kirchen: die Collegiat-Kirche, eine sehr schöne Kirche der Jesuiten, die mit einem Kloster verbunden ist, und andere Kirchen, die der Kreuzherren, Kapuziner, Franziskaner und zwei Klöster für Nonnen, Ursulinen und Cölestinerinnen. Dort gibt es auch ein Krankenhaus für Fremde. Zwei Gotteshäuser haben auch die Lutheraner und Calvinisten, denen ein gutes Drittel der Bevölkerung angehört. Der erlauchte Pfälzische Kurfürst hat seinen Sitz in dieser Stadt, seit in Folge der Wirren der ständigen Kriege Heidelberg, die Hauptstadt der Pfalz, durch eine beklagenswerte Feuersbrunst zerstört wurde. Der Kurfürst wohnt in einem herrlichen und schön ausgestatteten Schloß mitten in der Stadt, in dem auch Richter, Beamte des Magistrats und gelehrte Minister die ihnen angemessene Wohnung haben …

Die Unterkunft der Kavallerie ist schön gebaut; sie beherbergt mehr als 300 Reit- und Zugpferde von den besten Rassen. In dieser Stadt befindet sich das Winterquartier eines Teils seiner Truppen, die in zehn prächtigen Regimentern zusammengefaßt, 11 000 gut gerüstete Soldaten ausmachen. Wenn die Soldaten die Stadt verlassen, überlassen sie die Bewachung der Stadt selbst den Bürgern.

Die Stadt betreibt einen sehr lebhaften Handel mit den benachbarten Ländern. Mit den reichen Silber-, Zinn-, Eisen- und Bleiminen, die sich in großer Zahl im Land finden, stützt sich die Stadt auf ein wertvolles Kapital. Dies ist der Grund, weshalb in dieser Stadt seit Jahrhunderten so viele Handwerksbetriebe blühen. Sehr berühmt in Europa ist die Schneidewaffen-Industrie, die in Solingen ihr Zentrum hat. Deshalb werden solche Waffen irrtümlich »Lame Olinde« anstelle von »Lame di Solinghe« genannt. Es werden auch Schußwaffen jeglicher Art von ausgezeichneter Qualität angefertigt; außerdem werden aus dem Eisen Kanonen, Bomben, Granaten u. ä. zu sehr günstigen Preisen gegossen, weshalb die Holländer hier ihre Einkäufe tätigen. Sehr wichtig sind auch die Manufakturen für Wolltuche, Zwirn und sehr feines Leinen, das üblicherweise Flanderntuch genannt wird. Es wird in beträchtlichen Mengen hergestellt und nach ganz Europa exportiert...

Die erlauchte Familie des Kurfürsten von Pfalz-Neuburg hat eine altehrwürdige Herkunft, die von Genealogen noch nicht genügend erforscht ist. Einige glauben, daß sie der selben Abstammung wie Pippin und Karl der Große sind ...

18. Jahrhundert

Zacharias von Uffenbach
Rheinischer Antiquarius
Jacob Jonas Björnståhl
Friedrich Leopold Graf zu Stolberg
Josef Gregor Lang
Georg Forster
Johann Wolfgang von Goethe
Carl Friedrich Meyer
Thomas Cogan
Paillot

*M*it Zacharias von Uffenbach, der in Frankfurt am Main
Ratsherr, Schöffe und Bürgermeister war, beginnt der
Textreigen aus dem 18. Jahrhundert. Zacharias von Uffenbach liebte Bücher und unternahm ausgedehnte Reisen, in
denen er von einer kunstsinnigen Stätte zur nächsten reiste
und sich insbesondere für Bibliotheken interessierte. Im April
1711 hält er sich einige Tage in Düsseldorf auf, um sich die
Kunstsammlungen anzusehen und Gelehrte, Künstler und
Kunsthandwerker zu treffen. Bei dem im Text erwähnten
Reiterstandbild handelt es sich um das von Jan Wellem, der
in zweiter Ehe mit der kunstliebenden Maria Louise aus
dem Hause Medici verheiratet war.

Das 18. Jahrhundert steht vermehrt im Zeichen unterschied-
licher Rheinreisender, von denen zahlreiche Schilderungen
abgedruckt sind, so auch aus dem erfolgreichsten Buch der
Zeit über die deutschen Rheinlandschaften: »Reise auf dem
Rhein« von Josef Gregor Lang aus dem Jahr 1789.
Im Ausschnitt über den anmutig-eleganten Damenflor spielt
auch das Flanieren im Düsseldorfer Hofgarten eine Rolle.
Der ältere Teil des Hofgartens wurde 1770 von Nicolas Piage
angelegt, wohingegen Maximilian von Weyhe 1804 den
neueren Teil gestaltete.

Als intellektuelles und geselliges Zentrum erweist sich im 18. Jahrhundert der Landsitz der Brüder Jacobi in Pempelfort. Der Dichter und spätere dänische Gesandte in Berlin, Friedrich Leopold Graf zu Stolberg, trifft beispielsweise Friedrich Heinrich und Johann Georg Jacobi. Und auch Johann Wolfgang von Goethe, der bereits 1774 dort weilte, hält sich 1792 erneut in Pempelfort in gastfreundlicher Atmosphäre auf. Diese Gelegenheit nutzte Goethe auch, um das Düsseldorfer Galeriegebäude und seine berühmten Kunstschätze zu bestaunen.

Geradezu dramatisch enden die Texte aus dem 18. Jahrhundert durch den Bericht des Monsieur Paillot, einem Lederfabrikanten aus Nordfrankreich, dessen Vorname bislang nicht recherchiert werden konnte. Er ist mit seiner Familie nach der Französischen Revolution vor der jakobinischen Schreckensherrschaft geflohen und findet in Düsseldorf nach mehreren Umzügen schließlich in Derendorf eine Heimstätte. Von dort bricht seine Familie jedoch abermals auf, da die Besetzung Düsseldorfs durch französische Truppen droht.

DÜSSELDORF, SECHS MEIL VON WESEL
(1711)

Ich gieng noch diesen Morgen ein wenig in der Stadt herum, und sahe folgende Kirchen. Die Capuciner-Kirche, so klein und schlecht. Die von den sogenannten blauen Beguinen oder Nonnen, sonst Annunciaten oder Cölestiner genannt, diese ist zwar wie bekannt, klein, aber sehr schön, und mit vielen guten Gemählden auch sonst gezieret. Die Haupt-Kirche, welche mittelmässig. Hinter dem Chor fand ich das Grabmahl Herzog Wilhelms von Cleve ...

Diß Epitaphium ist sonst von weiß und schwarzem Marmor ziemlich wohl gemacht. Unten liegt der Herzog in Lebens-Grösse auf einer Tombe. Auf der Seite stehen die Haupt-Tugenden, als Gerechtigkeit, Klugheit, etc. Oben ist in der Mitte das jüngste Gericht en bas relief, über welchem die Worte: in Deo spes mea. Endlich gienge ich auch in die Jesuiter-Kirche. Selbige ist zwar ein schönes und zierliches Gebäude, von Quaterstücken (wie das ganze sehr grosse Collegium auch) allein sie ist sehr niedrig... Sie hat inwendig schöne Gewölbe, und welches sonst in Catholischen Kirchen gar was rares ist, auf beyden Seiten Emporkirchen. Die von Holz geschnizte Apostel und andere Bilder stehen auch gar heßlich darinnen. Der Altar ist sehr hoch und wohl gemacht. Er hat, welches sehr prächtig stehet, auf beyden Seiten von oben bis unten eine Decke von rothem geschnittenen oder blumigten Sammet.

Nachmittags besuchte ich erstlich das Gießhaus, darinn dißmal an zweyerley sehr stark gearbeitet wurde. Das erste waren viele und grosse Figuren zu einem vortrefflichen Brunnen oder Wasserwerk, so auf dem Platz bey dem Kunsthause soll gesetzt werden. Das andere und vornehmste aber war die Statue des Churfürsten zu Pferd. Sie ist von entsetzlicher Grösse. Man hat sie schon vor Weyhnachten gegossen, sie ist aber verunglückt, indem das Pferd nur allein gerathen, der Leib des Churfürsten aber hat müssen von Bley daran gesetzt werden. Der Ofen ist ganz entsetzlich groß. Gleich bey dem Gießhaus ist noch ein Haus, darinnen die Bildhauer arbeiten. Neben dem Kunsthaus arbeiten auch zwey Italiäner in Gips unvergleichlich. Sie hatten sehr viele, doch meist kleine antique Statuen und Bildergens ringsherum fertig stehen.

Zuletzt sahe ich das Kunsthaus selbst, so aber noch nicht fertig. Es stehet gleich vor dem Schloß, ist sehr groß, und hoch von Backsteinen aufgeführt. Oben darauf sollen die Antiquitäten und Medaillen, wie auch die Mahlereyen kommen; unten aber lauter grosse Statuen. Wie dann in einem Zimmer bereits verschiedene sehr considerable Stücke stunden, dergleichen ich sonderlich an Grösse in Berlin nicht gefunden, obgleich mehrere. Die vornehmste waren folgende: Ein Hercules, und eine Flora von ganz entsetzlicher Grösse …

Ferner waren sehr schön ein Centaurus, auf welchem ein Cupido saß, und ihn peitschte. Ferner ein Stück, so zwey Fechter, deren einer den andern zu Boden warf, vorstellte. Ein tanzender Satyr, dergleichen wir bey Herrn Tenkaaten in Amsterdam gesehen. Ein Mercurius und andere mehr. Auch war hier ein unvergleichlich schön Marienbild sitzend, mit Christo und Johanne, von einem Brabanter Namens Cribello von Brüssel verfertigt. Dieser Cribello ist nunmehro Director, der sonderlich auf die Bildhauer und übrige Künstler Achtung geben muß. Er ist dabey in sehr grossem Ansehen… Cribello wohnet auf dem Markte in einem neuen rothangestrichenen

Hause, allwo ich auch hingeführet wurde, weil allda verschiedene Bildhauer Arbeit gemacht wurde. Den 10. April, Morgens sahe ich die Antiquitäten-Kammer, oder Medallien-Cabinet auf dem Schlosse, da sie noch auf dem dritten Stock, aber in keiner Ordnung stehet. Herr Matth. le Roy ist ein Mann von etlich und dreyssig Jahren, der zwar nicht unhöflich, aber etwas geschwinde und confus im Umgange ist. Er weiß selbst nicht, was er zeigen oder reden will, da zu solchen Sachen ein Mann gehöret, der sanft ist, und Gedult hat… Das Zimmer ist schlecht, und, wie gedacht, nichts in Ordnung, als die antiquen Medallien. Zu denen Medallien sind zwey grosse und schöne Cabinete gemacht, beyde von schwarz Ebenholz auswendig, und mit Messing eingelegt, inwendig aber sind die Schubladen oder Bretter von Schildkrot und Elfenbein eingelegt; an dem, in welchem die antiquen liegen, ist der Grund Schildkrot, und die Blumen oder Laubwerk Elfenbein, an dem andern aber, in welches die moderne kommen sollen, ist der Grund Elfenbein und das Laubwerk hingegen Schildkrot. Die Bretter selbst sind mit grün Tuch überzogen. Jedes dieser Cabinete soll achtzehen hundert Reichsthaler gekostet haben …

Den 11. April, schickte ich erstlich zu Herrn Schäffern, welcher ein curiöser Mann und guter Astronomus ist. Er soll auch allerhand cameras obscuras, und andere Optische Dinge haben, welche der Churfürst selbst zu Zeiten besiehet. Er ließ sich aber entschuldigen, weil er einen solchen Fluß im Hals hätte, daß er kein Wort sprechen könne. Ich schickte darauf zu Herrn Buchels, Churfürstl. Bibliothecario, um nicht allein des Churfürsten sondern auch seine eigene Bibliotheck, welche gar gut seyn soll, zu sehen, ich vernahm aber auch mit grossem Verdruß, daß er vor etlichen Tagen eine Reise nach Italien, dahin ihn der Churfürst schickte, angetreten.

Ich gieng also in das Jesuiter-Collegium, um sowohl die Bibliotheck zu sehen, als auch den so hochgehaltenen Pater und Beichtvater des Churfürsten zu sprechen. Die Bibliotheck des Collegii ist oben auf dem dritten Stockwerk in einem ziemlich grossen Zimmer. Sie ist aber weder zahlreich noch sonst considerabel. Ich fand auch, wie gemeiniglich bey den Jesuiten, gar keine Manuscripte. Es waren meist neue und theologische Bücher. Der Pater Urbanus ist ein mittelmässiger, magerer und unansehnlicher Mann, auch von Gesicht fast so heßlich, als Balth. Becker, dem er auch gar sehr gleicht, ausser daß seine Nase und Maul etwas kleiner. Ich fände gleich einen durchtriebenen Jesuiten an ihm, der sehr viel gereiset, und vor einen Jesuiten ziemlich gelehrt war, allein in seinen Minen, Manieren und Wesen sticht doch der Jesuit und Münch gewaltig hervor. Er ist auch ein solcher confuser Wäscher, daß er nicht allein von dem hundertsten auf das tausendste fiel; sondern mich fast zu keinem Wort kommen ließ. Er hatte allerhand besondere Einfälle, so aber nicht alle den Stich hielten, doch waren etliche sinnreich. Ich hörte unter andern folgendes beim Anblick eines Gemähldes von der Cleopatra: es seye ganz falsch, daß sich Cleopatra mit einer Schlange ums Leben gebracht haben solle. Dann erstlich gäbe es, wie Plinius und andere Naturkundige versicherten, in dasiger Gegend gar keine Schlangen, zweytens wäre nicht zu begreifen, wo sie eine Schlange so geschwind herbekommen, da zumalen die Autores melden, daß sie kaum in der Stadt gewesen, als die Feinde selbige erobert. Drittens so stächen die Schlangen nicht gleich. Viertens so tödte auch das Schlangengift nicht gleich, sondern öfters nach etlichen Tagen, mache auch gemeiniglich rasend: welches alles aber gegen die gemeine Erzehlung von Cleopatra seye. Sie habe sich aber mit einer Haar-Nadel, welche wegen ihrer Schlangenförmigen

Krümmung und Gestalt auch aspides genennet werden, erstochen. Am Ende dieser Haar-Nadel hätten sie gemeiniglich ein Knöpfgen oder Büchsgen gehabt, in welchem sie Gift bey sich zu tragen pflegen. Die Cleopatra hätte also vermuthlich die Nadel erstlich mit Gift bestrichen, und sich damit einen wiewohl kleinen, doch tödtlichen Stich in die Brust gegeben ... Von Gemählden sprach er gar viel, und wollte davon gar ein besonderer Kenner seyn. Er erzehlte als einen besonderen Einfall, daß als der Churfürst vor einiger Zeit ein Gemählde von Adam und Eva um ein groß Geld gekaufft, so von jedermann bewundert worden, er dem Churfürst gleich einen grossen Fehler daran gezeigt, welcher darinnen bestanden, daß der Mahler ihnen beyden Nabel gemahlt, da sie doch, weil sie nicht aus Mutterleibe gebohren worden, vermuthlich keinen gehabt ...

Zuletzt kam er auch auf die Universal-Sprache zu reden, und versicherte, daß er selbige im Schreiben ausgefunden, im reden seye es nicht möglich. Sie habe dem Kayser Leopold, auch hiesigem Churfürsten sehr wohl gefallen. Allein es seye mit grossen Herren nichts anzufangen, sonderlich da man an hiesigem Hofe die Studien gar nicht achte. Er seye auf die Gedanken von der Universal-Sprache durch ein Schreiben eines Jesuiten gekommen, welcher Informator von dem Prinzen des Tarter Chams seye. Selbiger habe ihm umständlich berichtet, wie daß die vielen und von Sprachen sonst ganz differente Völker in der grossen Tartarey durch gewisse wenige Characteres, so sie einander auf Täfelgen, die sie stets bey sich trügen, schrieben, und dadurch füglich mit einander handelten, und alles, was sie nur wollten, durch Beysetzung etlicher Puncten einander konnten zu verstehen geben.

Um halb zwölf Uhr gieng ich in die Jesuiten-Kirche, woselbst der Churfürst die anniversaria seiner ersten Gemahlin begienge. Die Kirche war ganz schwarz behänget, und die ganze Hof-Capelle machte eine vortreffliche Traur-Musik. Ich hörte bey der Gelegenheit alle die Castraten, darunter etliche gar wohl sungen, doch kommen sie dem Nicolini, den ich in London gehört, nicht bey. Es wurde unter andern ein unvergleichlich Stück musicirt, so anfangt: Dies illa & c. welches gewiß gar wohl zu hören.

Nachmittags, weil der Churfürst früh auf die Jagd fuhr, machte ich, daß ich dessen Cabinet, und die Galerie von Gemählden sehen konnte. Herr Friderici, ein Mahler, so darüber gesetzt ist, führte mich erstlich in die Galerie. Sie ist auch oben auf dem dritten Stock im Schlosse, und besteht aus dreyen schmalen, auch nicht gar langen unterschlagenen Gängen. Es ist zwar ein schöner Vorrath von Gemählden allhier, doch sind allhier gewiß verschiedene ganz unvergleichliche Stücke, von allerhand der berühmtesten Italiänischen, Holländischen und andern Meister. Das vornehmste sind wohl die viele und schöne Stücke von Rubens, darunter die Verstossung der Engel, vor welche der Churfürst zwölf tausend Gulden bezahlt, das considerabelste. Eine grosse Menge von Bruegel, von Douwe, und von Dyck. Insonderheit aber steht man allhier gar viele grosse und kleine Stücke von van der Werff, so daß man wohl nirgends so viel von seiner Hand bey einander antreffen wird. Unter andern sind zu bewundern die Stücke von dem Leiden Christi, es sind deren schon acht allhier, sollen aber fünfzehn werden. Er liefert alle Jahr zwey Stück, davor er jährliche Pension hat. Es ist gewis eine unbeschreibliche Sachtigkeit und Zärte in dieses Mannes Pinsel. Nach dem wurde ich in die Churfürstliche Zimmer geführt. Selbige sind zwar gar schön, kommen aber den Berlinischen an Magnificenz lange nicht bey. Die beyden Cabinete, so hinter denselben, sind obwohl gar klein, dennoch unvergleichlich. Ehe ich dahin gienge, mußte ich meinen Degen nicht allein ablegen, sondern weil die Böden mit allerhand Holz sehr schön eingelegt, auch polirt sind, mußte ich besondere Pantufflen, wie in Holland gebräuchlich, über die Schuhe anziehen; wie auch Handschuhe, damit das Gewehr, welches ich zuerst sahe, nicht anliefe. Es war aber eine Flinte, ein paar Pistolen und ein Degen, alles von Stahl mit sehr vielen erhabenen zarten Figuren, gewiß unvergleichlich gearbeitet und verguldet. Sie sind allhier in Düsseldorf von einem Namens Hermann Bongard gemacht. Ich habe dergleichen mein Lebtage nicht gesehen… Sonst war in diesen Cabineten ein ungemein schöner Vorrath von kleinen, aber der schönsten Gemählden, worunter sehr viele von Bruegel und van der Werff. Auch war auf der Seite ein gläserner Schranck, in welchem allerhand künstliche und kostbare Gefasse von Agar und dergleichen kostbaren Materien. Doch hatte Frau la Court in Amsterdam nicht viel geringere Sachen von dergleichen. Der Churfürstin Cabinet hätte ich auch gerne gesehen, weil sie aber nicht ausgefahren, und man durch ihr Zimmer, darinnen sie war, gehen muß, konnte es nicht seyn …

Den 12. April, Mittags gieng ich erstlich nach Hof, und sahe den Churfürsten speisen, meynte auch, ich würde eine schöne Tafel-Musik hören, es wurde aber keine gehalten. Nach dem gieng ich zu den Ursulinerinnen. Das Closter ist, äusserlich anzusehen, alt und nicht viel besonders, die Kirche aber zierlich. Ich hörte ihre horas, und dabey eine recht gute Musik, so die Nonnen machten.

Den 13. April, Morgens verschafte Herr Le Roy auf mein Anstehen, daß ich die Bibliotheck des Churfürsten zu sehen bekam. Sie stehen auch ganz oben in dem Schlosse hinter dem Zimmer, daran das Antiquitäten- und Münz-Cabinet ware.

Sie ist aber noch jetzo gar mittelmässig. Die Bibliotheck von Grävio macht das beste aus, welche ganz allhier geblieben, bis auf die Litteratores, so der Churfürst der Universität Heidelberg gegeben. Unter den wenigen Manuscripten, so mir gezeigt worden, war das vornehmste ein schöner alter Codex von Horatio …

RHEINISCHER ANTIQUARIUS
(1744)

Wenn unser Rhein von Neus eine gute Stunde zurük gelegt hat,
komt er endlich zur rechten Seite bey dem Einfluße der Düssel,
so die Rößbach bey sich führt, auf Düsseldorf, lateinisch Düs-
seldorpium, die Hauptstadt des Herzogthum Bergen, und ehemalige Residenz der Pfalzgrafen von Neuburg. Sie liegt fünf
Meilen von Cöln, eine von Kaiserswerth, und fünf Stunden
von Duisburg in einer schönen und fruchtbaren Ebene. Ihren
Namen führt sie von gedachter Düssel, einem schönen rau-
schenden Flüßgen, das sie durchfliesst, und nach Anfüllung
der Schloßgräben in den Rhein fällt. Man fährt auf dem Rhein
bey diesem Schlosse, so an dem einen Ende der Stadt liegt, hart
vorbey. Es ist dasselbe ein altes gothisches Gebäude, so ziemlich
gut aussieht, aber nicht viel besondere Schönheiten an sich hat.
Es hat eine Gallerie, die aus fünf Sälen bestehet, worunter drey
sehr groß, zweye hingegen klein sind …

Vor dem Schlosse und zwar mitten auf dem Markte steht
die Ehrensäule des Churfürsten Johann Wilhelms von gelben
Kupfer oder Metall, welche denselben in völligem Harnisch
und mit dem Churhut zu Pferde vorstellet. Das Pferd, so überaus schön, ist mit einem langsamen Schritt vorgestellet, und
zieht den Schweif einer Spannen lang auf der Erden nach sich.
Es soll derjenige, welcher diese Statue gegossen hat, sich würk-
lich nach einem Pferde, so der Churfürst damals gehabt, gerichtet haben. Das ganze Werk ruhet auf einem Fußgestell von
grauem Marmel, so etwas grob, auch sonst schlecht, und mit
keiner Beyschrift oder Zierrath versehen ist. Im Jahr 1736 wur-

de diese Statue entzwey geschnitten, um sie nebst andern in gemeldetem Schloß befindlichen Kostbarkeiten nach Mannheim abzuführen, sie soll aber noch nicht allda angelegt seyn.

In Düsseldorf werden sonst alle Religionen geduldet und hat eine jede ihre besondere Kirche; doch werden zu bürgerlichen Bedingungen keine andern Personen als römischcatholische gezogen. Die Jesuiten haben allda auch ein schönes Kloster, und eine prächtige Kirche, auch ist ein capuciner und Kreutzbrüderkloster daselbst. Vor dem cölner Thor steht eine Capelle, so sehenswürdig ist, massen dieselbe nach dem Riß des Haußes zu Loretto erbauet, und mit schönen Mahlereyen ausgezieret ist. Es hat solche die Gemahlin des Churfürsten Johann Wilhelms der Mutter Gottes zu Ehren erbauen lassen. In dem Schloßhof ist auch ein schöner Springbrunnen zu sehen, dessen Wasserfang überaus schön aus Erz gearbeitet, allein mit so vielen Zierrathen überhäufet ist, daß man viele Mühe hat, eines von dem andern zu unterscheiden. Im übrigen ist die Stadt an sich selbst klein; der vorige Churfürst Johann Wilhelm aber, so allda residiret hat, vergrösserte dieselbe 1709 noch mit einem Theil, so man die Neustadt nennet, und weil sie zur Handlung gar bequem liegt, so wurde den Anbauenden das Burgerrecht umsonst, und noch dreyßig Jahre Freyheit von allen Anlagen und andern Herrengefallen versprochen. Dieserwegen wurden auch unter dessen Regierung viele neue Gebäude, wie auch der Grund zu einem neuen Schlosse allda gelegt. Inzwischen ist doch diese Neustadt noch nicht ausgebaut. Der Rhein fliest von aussen her, wie gemeldet, hart an der Stadt vorbey, stößt anbey mit solcher Gewalt auf die Mauren derselben loß, daß man sich gemüsiget gesehen, dieselben abzubrechen, und an deren Stelle verschiedene große Werker allda anzulegen. Es sieht daher die Stadt ziemlich gut aus, und ist wohl befestigt. Wie denn einige Zeit her beständig an ihrer Befestigung gearbeitet worden. Die am Rhein bey der Stadt gelegene Schanze wird das Pempelfort genant. Gegen Düsseldorf über liegt zur Bedeckung der Stadt auf dem churcölnischen Boden eine Schanze, so im vorigen französischen Kriege repariret, durch das grosse Gewässer nachhero aber wieder ganz verheeret worden. Ueber den Rhein zu fahren bedienet man sich allda, gleichwie zu Cöln und anderer Orten, einer schönen fliegenden Brücke.

Im J. 1715, wurde zwar beschlossen, einen Steinweg von dort aus bis Frankfurt am Mayn abzustecken, und die sumpfigen Oerter mit Bäumen auszufüllen, weswegen man zur Bequemlichkeit dieses Steinwegs zu Anfang des Junii mit grossen Umständen den ersten Stein an der steinernen Brücke über den Siegfluß legte, und die mittelsten Pfeiler wurden, damit die Flösse leichtlich durch könten, vierzig Fuß weit von einander gesetzt. Weil aber wider solchen Stein- oder Pflasterweg verschiedene Reichsstädte höchlich beschwerten, so gerieth er endlich auch ins Stekken. Als der Rhein am 3. Februar 1716 aufbrach, überschwemmte solcher Düsseldorf dergestalt, daß nicht mehr als eine Straße davon freyblieb, alle übrigen Häuser aber stunden sechzehn bis zwanzig Fuß hoch unter dem Wasser. Der Churfürst muste sich zwey Stunden davon in Sicherheit begeben, und es war dieser Fluß seit 1658 niemals so groß gewesen.

Es hält diese Stadt fünf Jahrmärkte, und zwar den ersten auf Oculi, den zweyten auf Fronleichnam, den dritten auf Bartholomäi, den vierten auf St. Severin, und den fünften auf Huberti. Die Latitudo sind 51. Grad 10. Minuten, und die Longitudo 28. Grad 16. Minuten.

Die Stadt Düsseldorf, gezeichnet von L. Janscha, gestochen von J. Ziegler, um 1790.

AUS DEN REISEBRIEFEN
(1774)

Am besagten Tage reiseten wir von Köln ab, und kamen gegen Abend zu Düsseldorf an, wo wir den folgenden Tag die dasige berühmte Gemähldegallerie besahen, die uns der französische Mahler Herr Bralliot zeigte. Es befindet sich in derselben in allem 358 Originalschildereyen, und zwar in fünf verschiedenen Säälen: im fünften, welcher der größte ist, kommen die von Rubens vor. Man sieht hier Stücke, die unschätzbar sind. Kurfürst Johann Wilhelm hat diese Sammlung veranstaltet: dieser Herr war jedoch mehr Liebhaber, als Kenner: und seine Gemahlinn Marie Anne Luise Medices brachte ihm den Geschmack an seinen Gemählden bey. So hat das medicesche Haus nicht nur in Italien, sondern auch am Rheine, wie hier zu Düsseldorf, und zu Bensberg, einem Lustschlosse zwey Meilen von Köln, die Künste eingeführt und das Gefühl des Schönen gegründet: ja dies gilt sogar von Paris; denn Marie von Medices war's, die den Palast von Luxemburg nebst der Gallerie desselben anlegen, und eine Bibliothek von Manuscripten, die aus Florenz gekommen waren, einrichten ließ …

Wir besahen auch unterschiedliche von dem Italiener Gripelli verfertigte Statuen, als Kuhrfürst Johann Wilhelm im Mantel und der Ordenstracht, zu Fuß: dies Stück ist von Marmor und steht auf dem Schloßhofe. Eben dieser Künstler hat auch ein Bruststück gemacht, das einen Kapuzinermönch Namens Marcus, der eine Reise nach Indien gethan, vorstellt: ein wahres Meisterstück. Herr Gripelli war vorher Maurer gewesen, und auf dem Dache des Rathhauses hat er sich selbst in einer kleinen Bildsäule von weißem Marmor als einen Maurer-lehrburschen, mit einem Korbe in der Hand, vorgestellt.

Den 18. August nahmen wir die hiesige Mahler- und Bild-hauerakademie, die vor ungefehr sieben Jahren errichtet wor-den, in Augenschein. Der Vorsteher derselben ist Herr Krahe, ein sehr geschickter Mahler und ein artiger Mann, der uns tausenderley Höflichkeiten bewies. Er versteht die Kunst, Ge-mählde so gut rein zu machen, daß sie völlig wie neu aussehen; und außerdem ein noch größeres Geheimniß, nämlich ein Gemählde von alter und verdorbner Leinwand auf neue so zu übertragen, daß man glauben sollte, es sey eben jetzt erst vom Pinsel des Artisten gekommen. Herr Brulliot besitzt diese Ge-schicklichkeit auch.

Die Anzahl der Lutheraner in dieser Stadt steigt zu 1300 Seelen: sie haben hier, so wie die Kalvinisten, eine Kirche.

Die Besatzung besteht aus vier Regimentern; und die Sol-daten sind von verschiedenen Religionen.

Wir wurden hier mit dem deutschen Dichter und schönen Geist Herrn Jacobi, Canonicus zu Halberstadt, bekannt; vor-her ist er Professor zu Halle gewesen, und hat ehedem zu Göt-tingen studirt; er ist ein sehr angenehmer Mann.

HARMONISCHE LIEBLICHKEIT
(1781)

Pempelfort bei Düsseldorf, den 16. Juli 1781

Ich kann Dir nicht helfen, der Rhein macht auch diesmal auf mich einen tieferen Eindruck als die Elbe bei Hamburg, wiewohl seine Ufer hier nicht vorzüglich schön sind, und jene dort ungefähr eine Meile, dieser, wofern mich das Augenmaß nicht täuscht, hier etwa 500 Schritte breit sein mag. Ist doch der Charakter der Größe auch bei sinnlichen Gegenständen so oft ganz verschieden vom Charakter der Großheit, so sehr verschieden, daß diese nicht selten durch Übermaß den Eindruck schwächt, welchen sie der Meinung zufolge hervorbringen müßte … In Pempelfort indessen, bei den lieben beiden Jacobis, wird man nicht durch Großheit beeindruckt, sondern eher durch harmonische Lieblichkeit; die Stadt Düsseldorf, einen rührigen Ort mit zahlreichen kunstsinnigen Menschen, hat man mit Dächern und Getürm vor sich, im Rücken von Pempelfort, einem Dorf vor dem Stadttore, aber dehnen sich fruchtbare Felder mit einigen Gehölzen. Der Rhein ist nah …

ANMUTIG-ELEGANTER DAMENFLOR
(1789)

Der gar schöne Hofgarten ist eigentlich das Düsseldorfer Ely-
sium, das dem Grafen von Goltstein, damaligem Statthalter,
seine Entstehung und die ganze schöne Anlage nach Plänen
des Nikolaus von Pigage zu verdanken hat, der den Gedanken
zu dessen Einrichtung bei einer gewissen Notzeit, um den
Stadtarmen Arbeit und Nahrung zu verschaffen, wohltätig ins
Werk brachte.

Der Platz des Gartens ist nicht groß, aber einer der angenehmsten, die man sehen kann. Das Ganze besteht aus einer
dreifachen schattigen Allee, die mit kleineren Nebenbuskagen
im engländischen Geschmacke mit hin und her sich schlän-
gelnden Wegen unterbrochen, hie und da mit weiß angestri-
chenen Statuen, die mit dem dunklen Grün gar lieblich
kontrastieren, anmutig befaßt sind. Auch strömt eilig hindurch mit munterm Geplapper der Düsselfluß. Überall sieht
man gemächliche Rasensitze oder auch steinerne Bänke angebracht, die dem Lustwandelnden Erholung zuwinken, und
das beim Eingange zur Linken erbaute Gärtnerhaus gibt bei
großer Hitze Erfrischungen sowie Schutz beim Überfall eines
Regens.

Wie schön, wie herrlich ist es hier an Sommermorgen und
-abenden unter dem Geräusche der nebenan dahinrauschen-
den Düssel zu wandeln, wo Menschen von allerhand Stande,
von allerhand Physiognomien und Zuschnitten sich sammeln,
sich gefällig unterhalten und sehen. Besonderes Entzücken erregt an schönen Sommertagen der hell und luftig gewandete

Damenflor, der in dieser Residenzstadt mir so ganz besonders elegant und anmutig dünkt.

Zu Ende der Allee steht das sogenannte Jagdhaus oder der Jägerhof, vielmehr ein niedliches wohlgebautes Schlößchen, welches dieses Eden schließt und von dem bergischen Oberjägermeister Hrn. von Blankart izt bewohnt wird.

*Der Niederrhein mit Düsseldorf und Umgebung, kolorierter Kupferstich
von H. Eckard, 1796.*

ANSICHT VON DÜSSELDORF
(1791)

Welch ein Unterschied zwischen Köln und diesem netten, reinlichen, wohlhabenden Düsseldorf! Eine wohlgebaute Stadt, schöne, massive Häuser, gerade und helle Straßen, tätige, wohlgekleidete Einwohner; wie erheitert das nicht dem Reisenden das Herz! Vor zwei Jahren ließ der Kurfürst einen Teil der Festungswerke demolieren und erlaubte seinen Untertanen, auf dem Platze zu bauen. Jetzt schon steht eine ganz neue Stadt von mehreren langen, nach der Schnur gezogenen Straßen da; man wetteifert miteinander, wer sein Haus am schönsten und bequemsten bauen soll; die angelegten Kapitalien belaufen sich auf sehr beträchtliche Summen, und in wenigen Jahren wird Düsseldorf noch einmal so groß, als es war, und um vieles prächtiger sein. Wer doch das Geheimnis einer guten Staatsverwaltung wüßte, damit er sagen könnte, wie sich in den Herzogtümern Jülich und Berg so große Reichtümer häuften, wie die Bevölkerung daselbst so stark und der Wohlstand der Einwohner gleichwohl so allgemein ward, daß die kleinen Städtchen nicht minder wohlhabend sind als die Hauptstadt, daß der Anbau auf dem platten Lande denselben Geist der guten Wirtschaft zeigt wie die Fabriken, daß man hier so leicht den Weg zu einer glücklichen Existenz finden lernte, der anderwärts so schwer zu treffen scheint ...?

Eine Viertelstunde von hier besuchten wir ein Mönchskloster. Es gibt nur wenige ähnliche Klöster in der Welt, denn die Mönche folgen der strengen Regel der in Frankreich so berühmten Abtei la Trappe. Zu unserer Verwunderung fing der erste Mönch, den wir erblickten, sogleich an mit uns zu sprechen und erzählte uns, das Gelübde des Stillschweigens sei gänzlich aufgehoben. Dem guten Manne schien aber das Sprechen, dessen er so lange entwohnt gewesen war, nicht leicht zu werden. Ehedem hielt man mit einer unglaublichen Strenge auf dieses Verbot. Ein Offizier, der einst einen dieser Mönche nach dem Wege fragte und keine Antwort auf wiederholtes Anfragen erhielt, hätte den armen Büßer beinahe mit Schlägen ums Leben gebracht, ohne freilich einen Laut aus ihm herauszubringen. Und in Frankreich brannte das ganze Kloster ab, und keiner von den Brüdern brach das heilige Stillschweigen. Die Aufhebung desselben ist nur ein Vorläufer der gänzlichen Aufhebung des Ordens selbst... Mit dem Aussterben dieser Mönche wird indes dem Staate kein großer Gewinn zufallen, da sie soeben ihre Kapitalien zur Erbauung einer neuen Kirche und eines neuen Klostergebäudes verwendet haben, obwohl der Orden seit langem schon keine Novizen mehr erhält. Ungeachtet die Mönche kein Fleisch essen, werden sie doch bei ihrer stillen, untätigen Lebensweise, welche die Kräfte des Geistes fast gänzlich schlummern läßt, recht alt und sind fast durchgehends wohlbeleibt. Unser Führer war über achtzig Jahre alt und sah wenigstens zwanzig Jahre jünger aus. Auf seinem übrigens sehr gutmütigen Gesicht war die Leere des Gedächtnisses und die Armut des Ideenvorrates unverkennbar ...

Es ist Zeit, daß ichs bekenne: Kaum hatte ich diesen Morgen das Papier aus der Hand geworfen, so eilte ich noch einmal in die Galerie, um nur an transalpinischen Werken mich satt zu sehen ... Zuerst ging ich langsam durch die Säle, wo die Italiener hingen, und merkte mir in jedem Saale die Stücke, die ich näher betrachten wollte.

Die Lusternheit wird übermütig, wenn sie im Überflusse wählen kann. Unter der Menge dessen, was Künstler und Kenner hier interessant finden würden, zog mich nur wenig an, durch Züge von innewohnender Schönheit, die von einem Sinne des Malers für menschliche Größe zeugten. Ich ging aus mit dem Vorsatze zu sehen, ob ich etwas finden würde, das ich um seiner Schöne willen lieben könnte, und Du weißt, diese Liebe gehorcht keinem Zwange, sie ist das Kind der freien Unbefangenheit; sie ist ein Kind, kein erwachsener, gewitzter Amor. Ich lasse die Klugen da stehen und predige vom Unterschied und Charakter der verschiedenen italienischen Schulen, ich lasse sie da eine Gruppe bewundern, weil sie pyramidalisch sich spitzt, dort eine Draperie, die wahr gefaltet oder auch groß geworden ist, hier einen Ausdruck, der die Natur nachahmt, hier wieder einen wie hingezauberten Effekt des Lichtes. Das alles ist vortrefflich und sogar verdienstlich, wenn Du willst; doch wenn von Lieben die Rede ist, so muß auch von Gestalt allein die Rede sein; ich kann einen Haufen von Menschen, und stünde er noch so malerisch, nicht als bloßen Haufen, ich kann keinen Rock, kein Gebärdenspiel, keine Beleuchtung, keine Farbe lieben. Findet sich das alles mit einer edlen Zeichnung und einer schönen Form zu einem Ganzen vereinigt, alsdann ist das Kunstwerk von einer hinreißenden Vollkommenheit. Aber auch abgesondert von allem Nebenwerk ist ein bloßer Umriß, mit Raphaels Schönheitssinn entworfen, mehr wert als das vollendetste Gemälde, dem dieses wesentliche Bedingnis fehlt. Licht und Farbe, Bewegung, Ausdruck und Anzug kann die Einbildungskraft sich zu einer gegebenen schönen Gestalt leicht hinzudenken; hingegen den feineren Genuß stört unwiederbringlich eine schlechte oder gemeine Natur, das Gemälde sei übrigens noch so meisterhaft ausgeführt.

BESUCH IN PEMPELFORT
(1792)

Pempelfort, November 1792

Es war schon finster, als ich in Düsseldorf landete und mich
daher mit Laternen nach Pempelfort bringen ließ, wo ich nach
augenblicklicher Überraschung die freundlichste Aufnahme
fand; vielfaches Hin- und Hersprechen, wie ein solches Wiedersehen aufregt, nahm einen Theil der Nacht hinweg.

Den nächsten Tag war ich durch Fragen, Antworten und
Erzählen bald eingewohnt; der unglückliche Feldzug gab leider
genugsam Unterhaltung, niemand hatte sich den Ausgang so
traurig gedacht. Aber auch aussprechen konnte niemand die
tiefe Wirkung eines beinahe vierwöchentlichen furchtbaren
Schweigens, die sich immer steigernde Ungewißheit bei dem
Mangel aller Nachrichten. Eben als wäre das alliirte Heer von
der Erde verschlungen worden, so wenig verlautete von demselben; jedermann in eine gräßliche Leere hineinblickend war
von Furcht und Ängsten gepeinigt, und nun erwartete man
mit Entsetzen die Kriegsläufe schon wieder in den Niederlan-
den, man sah das linke Rheinufer und zugleich das rechte be-
droht.

Von solchen Betrachtungen zerstreuten uns moralische
und literarische Verhandlungen, wobei mein Realismus zum
Vorschein kommend die Freunde nicht sonderlich erbaute ...

Ein Feld jedoch, in welchem man sich mit mehr Freiheit
und Übereinstimmung erging, war die westliche, um nicht zu
sagen französische, Literatur. Jacobi, indem er seinen eigenen
Weg wandelte, nahm doch Kenntniß von allem Bedeutenden,

und die Nachbarschaft der Niederlande trug viel dazu bei, ihn nicht allein literarisch sondern auch persönlich in jenen Kreis zu ziehen. Er war ein sehr wohlgestalteter Mann, von den vortheilhaftesten Gesichtszügen, von einem zwar gemessenen aber doch höchst gefälligem Betragen, bestimmt in jedem gebildeten Kreise zu glänzen …

Wünschenswerth wäre nunmehr, daß man, um die Anmut des Pempelforter Aufenthalts vollkommen darzustellen, auch die Örtlichkeit, worin dieß alles vorging, klar vergegenwärtigen könnte. Ein freistehendes geräumiges Haus, in der Nachbarschaft von weitläufigen wohlgehaltenen Gärten, im Sommer ein Paradies, auch im Winter höchst erfreulich. Jeder Sonnenblick ward in reinlicher freier Umgebung genossen; abends oder bei ungünstigem Wetter zog man sich gern in die schönen großen Zimmer zurück, die behaglich, ohne Prunk ausgestattet, eine würdige Scene jeder geistreichen Unterhaltung darboten. Ein großes Speisezimmer, zahlreicher Familie und nie fehlenden Gästen geräumig, heiter und bequem, lud an eine lange Tafel, wo es nicht an wünschenswerten Speisen fehlte. Hier fand man sich zusammen, der Hauswirth immer munter und aufregend, die Schwestern wohlwollend und einsichtig, der Sohn ernst und hoffnungsvoll, die Tochter wohlgebildet, tüchtig, treuherzig und liebenswürdig, an die leider schon vorübergegangene Mutter und an die früheren Tage erinnernd, die man vor zwanzig Jahren in Frankfurt mit ihr zugebracht hatte … Es gab Abende, wo man nicht aus dem Lachen kam.

Die wenigen einsamen Stunden, die mir in diesem gastfreisten aller Häuser übrig blieben, wendete ich im Stillen an eine wunderliche Arbeit. Ich hatte während der Campagne, neben dem Tagebuch, poetische Tagebefehle, satirische Ordres du jour aufgezeichnet, nun wollte ich sie durchsehen und redigiren; allein ich bemerkte bald, daß ich mit kurzsichtigem Dünkel manches falsch gesehen und unrichtig beurtheilt habe, und da man gegen nichts strenger ist als gegen erst abgelegte Irrthümer, es auch bedenklich schien dergleichen Papiere irgendeinem Zufall auszusetzen, so vernichtete ich das Heft in einem lebhaften Steinkohlenfeuer ...

In dem nicht weit entfernten Düsseldorf wurden fleißige Besuche gemacht bei Freunden, die zu dem Pempelforter Cirkel gehörten; auf der Galerie war die gewöhnliche Zusammenkunft. Dort ließ sich eine entschiedene Neigung für die italiänische Schule spüren, man zeigte sich höchst ungerecht gegen die niederländische; freilich war der hohe Sinn der ersten anziehend, edel Gemüther hinreißend. Einst hatten wir uns lange in dem Saale des Rubens und der vorzüglichsten Niederländer aufgehalten; als wir heraustraten, hing die Himmelfahrt von Guido gerade gegenüber, da rief einer begeistert aus: »Ist es einem nicht zu Muthe, als wenn man aus einer Schenke in gute Gesellschaft käme!« An meinem Theil konnt' ich mir gefallen lassen, daß die Meister, die mich noch vor kurzem über den Alpen entzückt, sich so herrlich zeigten und leidenschaftliche Bewunderung erweckten; doch sucht' ich mich auch mit den Niederländern bekannt zu machen, deren Tugenden und Vorzüge im höchsten Grade sich hier den Augen darstellten, ich fand mir Gewinn fürs ganze Leben.

Was mir aber noch mehr auffiel, war daß ein gewisser Freiheitssinn, ein Streben nach Demokratie sich in die hohen Stände verbreitet hatte... Lafayette's und Mirabeaus's Büste, von Houdon sehr natürlich und ähnlich gebildet, sah ich hier göttlich verehrt, jenen wegen seiner ritterlichen und bürgerlichen Tugenden, diesen wegen Geisteskraft und Rednergewalt. So seltsam schwankte schon die Gesinnung der Deutschen; einige waren selbst in Paris gewesen, hatten die bedeutenden Männer reden hören, handeln sehen und waren, leider nach deutscher Art und Weise, zur Nachahmung aufgeregt worden, und das gerade zu einer Zeit, wo die Sorge für das linke Rheinufer sich in Furcht verwandelte.

Die Noth schien dringend: Emigrirte füllten Düsseldorf, selbst die Brüder des Königs kamen an; man eilte sie zu sehen, ich traf sie auf der Galerie und erinnerte mich dabei, wie sie durchnäßt bei dem Auszuge aus Glorieux gesehen worden.

…UND ÜBRIGENS EIN ARTIGER ORT
(1794)

Die Gegend um Düsseldorf ist ein flaches, angenehmes Land, reich an ergiebigen Kornfeldern und Naturschönheiten, worunter besonders der Rhein sich auszeichnet. Düsseldorf selbst liegt unmittelbar am Rhein, welchen man vorher auf einer Geerbrücke passiren muß. Die Stadt hat acht Klöster, verschiedene Kirchen von allen Religionen und darunter auch eine Jesuiten-Kirche. Die Stadt ist außer der natürlichen Feste von der Rheinseite, auch von der Landseite mit ziemlich guten Werken versehen, und übrigens ein artiger Ort. Sie hat gegen sechszehntausend Einwohner. Längs einem Teil ihrer Mauern fließt die Düssel und strömt in größter Eile dem Rheine zu … Die vorzüglichsten Merkwürdigkeiten in hiesiger Sicht sind die Kurfürstliche Bildergalerie, die neuerbaute Karlstadt, der Hofgarten und der Marstall.

Die Bildergalerie dürfte nun wohl wenige ihres Gleichen suchen, indem darin die besten Stücke von fast allen großen Männern in der Malkunst, vornehmlich aus der niederländischen Schule zu finden sind. Diese Sammlung ist in drei Sälen und zwei Zimmern ausgestellt… Die ausgestellten Originalstücke können den Betrachter dergestalt vertiefen, daß er sich leicht selbst vergißt.

Denn bald ist eine Magdalena von Carl Dolze, bald präsentieren sich die klugen und törichten Jungfrauen von Schalk auf das überraschendste, dann wieder verschiedenes von van Dyck, so auch Johannes in der Wüste von Raphael zur innigsten Rührung, Christus als Kind mit Maria von Corregio ist ohnegleichen schön, den Teufel in einer Mönchskleidung und Jesus, da nämlich der Teufel Jesus verführen will, wobei die größte List im Gesicht und das hervorscheinende Feuer unter der Mönchskleidung auf das Frappanteste entworfen ist, von Lukas Jurdon, eine Maria Magdalena wiederum von Schalk, von Rahel Reis ein Küchenstück, Simon Petrus von Rubens, Laurentius der Gebratene von Jakob Esau, das Jüngste Gericht, der Lazarus, der verlohrene Sohn, alle drei Stücke von Rubens, und die herrlichsten Original-Jagdstücke von dem Holländer Pfänix. Mehrere Werke von Corregio, Rembrandt, Rubens, van Dyck und anderen großen Meistern ohne Zahl, deren Aufzählung zu weitläufig werden dürfte... Viele Reisende haben diese Galerie beschrieben, welche der Stadt einen vorzüglichen Glanz gibt und Liebhaber aus den entferntesten Ländern dahin zieht ...

Der Hofgarten, unmittelbar vor der Stadt gelegen, ist zwar nicht von großem Umfang, allein doch immer dem Orte angemessen, und in seiner Einrichtung der abwechselnden natürlichen und künstlichen Partien schön, und daher einem Reisenden zur Erholung sehr willkommen.

Der Marstall hat viele wilde Pferde, indem im Emscherbruche eine wilde Stuterey gehalten wird, welche schöne und besonders wiederstandsfähige Pferde erzieht.

Schöne reiche Kirchen, besonders die Jesuitenkirche, sind erwähnenswert und mit Freuden beschließe ich die Beschreibung dieser schönen Stadt.

Je näher wir Düsseldorf kamen, je fröhlicher schien sich uns die Aussicht über den Rhein zu öffnen, und wie sehr uns endlich das nette, reinliche und wohlhabende Düsseldorf mit den schönen und massiven Häusern, geraden und hellen Straßen, tätigen und wohlgekleideten Einwohnern überraschte, das läßt sich mehr empfinden als beschreiben. Seit wenigen Jahren sind zwei große Vorstädte, die Karlstadt und Neustadt, von mehreren langen, wie nach der Schnur präzise gezogenen Straßen von Privatunternehmers auf den Plätzen, wo vordem Festungswerke gewesen, angebaut worden, und man sieht mit Freuden, wie sehr die Anbauenden in der verschiedenen Schönheit der Baukunst wetteifern, daß also in wenigen Jahren Düsseldorf noch um vieles größer und prächtiger sein wird …

Die hiesige vortreffliche Bildergalerie besahen wir mit unseren Freunden zwei Stunden lang, um unsere Eindrücke von so manchem Denkmal des Kunstgenies zu erneuern.

Ich hätte viel von diesen Schätzen der Kunst zu sagen, allein da es selbst gesehen und gefühlt werden muß, würde eine Beschreibung zwecklos sein. Nachdem wir die Galerie verließen, besahen wir das Schloß und den Rhein, und da gerade der Morgen so heiter und die Sonne so allbelebend war, so daß man froh zu leben und allem Leben Dasein und Genuß des Daseins gönnete, umfassen Sie meine Freude, in welche wir dabei versetzt wurden, da wir den stolzen Lauf des silberspiegelnden Rheinstroms und eine wollüstig hingegossene Rheingegend vor uns liegen hatten, und dann werden Sie mit mir übereinstimmend sagen: Friede sei mit allem, was da ist, Friede mit jedem Geiste!

THE RHINE
(1794)

Düsseldorf: Das bedeutet eigentlich Dorf an der Düssel, und die Düssel ist ein kleiner Fluß, der im Süden an der Stadt vorbeifließt. Übrigens geht es zweifellos auf das sächsische Wort Dhorpf zurück, daß so viele unserer Dörfer in England die Bezeichnung Thorp tragen. Dieser Ausdruck, der ursprünglich nur angeben sollte, daß es sich im Gegensatz zu den größeren Städten um eine kleinere Siedlung handelte, wurde späterhin beibehalten und blieb der Name der betreffenden Ortschaft.

Düsseldorf, so bescheiden immer der Name klingt, liegt ebenso nahe am Rhein wie an der Düssel und ist aus einem Dorf zu einer hübschen, lebendigen und volkreichen Stadt geworden. Die Stadt ist baulich recht ansprechend, ausgestattet mit guten Straßen, und zählt, die Garnison einbegriffen, ungefähr achtzehntausend Einwohner. Sie gehörte früher zum Reich, untersteht aber jetzt dem Kurfürsten von der Pfalz und ist die Hauptstadt des Herzogtums Berg. Früher war Düsseldorf die Residenzstadt des Kurfürsten, der aber jetzt zu Mannheim residiert, wo er sich ein prächtiges Schloß erbaut hat. Ihr jetziges blühendes Gesicht verdankt die Stadt der Weisheit und Großzügigkeit des Kurfürsten Johann Wilhelm, der, im Bestreben, die günstige Lage des Ortes für den Handel zu nutzen, im Jahre 1709 den Ausbau der Stadt in Angriff nahm. Er gewährte auf dreißig Jahre hinaus jedem, der innerhalb der Stadtmauern bauen wollte, Bürgerrecht und Steuerfreiheit. Dank dieser weisen Anordnung ist ihm jene Freude zu teil geworden, wie harte und tyrannische Herrscher sie nicht erfahren, nämlich zum Schutzherrn seiner Untertanen zu werden und sie wohlhabend und glücklich zu sehen ...

Johann Wilhelms Klugheit und Mäßigung haben Düsseldorf zur Blüte gebracht, und diese Blüte ist auf die Mentalität und das Gebaren der Stadtbewohner sichtlich nicht ohne Einfluß geblieben. Sie sind freimütig, höflich, einig und glücklich. Ich würde sie allerdings noch mehr schätzen, verführte nicht ihre Vorliebe für Klubs und Geselligkeit sie dazu, morgens, mittags und abends mit ihrem unvermeidlichen Hochheimer Johannisberg bei der Hand zu sein.

Aber ich bin wahrlich recht unsystematisch, daß ich Sie sogleich mitten in die Stadt und ihren Bewohnern zuführe, statt Ihnen erst einmal meinen Gasthof, den Zweibrücker Hof, zu zeigen und Ihnen seinen Wirt, Freund Zimmermann, vorzustellen.

Das Haus hier ist jahrelang in bestem Ansehen von der Witwe Zimmermann geführt worden, die jedoch wenige Wochen vor unserem Eintreffen gestorben ist und die Leitung an ihren Sohn fallen ließ. Von ihm aber dürfen wir guten Gewissens sagen: Sequitur matrem passibus equis.

Wer immer Düsseldorf aufsucht, muß natürlich die große Gemäldesammlung besichtigen. Viele kommen allein deswegen von weit her und finden sich für alle Reisemühen reichlich belohnt. Es wäre daher ein unverzeihlicher Verstoß gegen Kunstsinn und löbliche Wißbegier, wollte man, wenn man schon in der Nähe ist, einen Besuch bei den Gemälden versäumen... Diese berühmte Galerie liegt dicht neben dem Schloß, welches wiederum nicht weit von der Stelle liegt, wo die Düssel in den Rhein mündet. Sie besteht aus fünf Räumen; drei davon sind sehr groß und weitläufig, die anderen etwas kleiner. Jeder Raum oder Saal hat seinen bestimmten Namen. Einer z. B.

heißt der Italienische Saal, weil die meisten darin enthaltenen Stücke von italienischen Meistern stammen; ein weiterer wird der Flämische Saal genannt, ein dritter der Dou-Saal, weil er ein hochberühmtes Gemälde dieses Meisters beherbergt; der vierte ist der Van-der-Werff-Saal und der fünfte endlich der Rubens-Saal ...

Der Übergang der Franzosen über den Rhein in der Nähe des Eichelkamps
zwischen Duisburg und Düsseldorf am 6. September 1795.
Kupferstich von Ant. Klauber nach einer Zeichnung von
Swebach-Desfontaines, 1817.

ALS RÉFUGIÉ IN DÜSSELDORF
(1794)

Die Fliegende Brücke besteht aus zwei großen Booten, die durch Querbalken, auf denen ein viereckiger Boden und ein Geländer angebracht sind, miteinander verbunden sind. In der Mitte ragen zwei Balken hoch und sind durch einen Querbalken verbunden. Neben dem Ruder ist ein dickes Tau befestigt, das über diesen Querbalken geht und mit einer Kette verbunden ist. Diese Kette ist ziemlich weit flußaufwärts mitten im Rhein verankert. Der Bootsmann stellt mittels eines Ruders das Boot schräg in die schnelle Flußströmung, sodaß die Brücke, die wegen des Ankers nicht zurück kann, zu diesem oder jenem Ufer pendelt, so wie sie der Bootsmann lenkt.

Da ziemlich viele Wagen vor uns diese Brücke benutzten wollten, mußten wir sehr lange warten, zumal man zur Flußüberquerung eine gute Viertelstunde brauchte und ebensoviel für die Rückfahrt. Schließlich kamen wir an die Reihe und schifften uns auf dieser Brücke ein, die sehr groß war, denn meine offene Kutsche war der 15. Wagen …

Sie bestand zunächst aus drei Zimmern und einem großen Speicher bei einem Bäcker; aber, um es uns bequemer zu machen, mieteten wir uns einen Monat später ein weiteres Zimmer, sodaß uns ein Zimmer als Eßzimmer diente, ein anderes von Herrn de Gheugnies und seinen Kindern bewohnt wurde, das dritte von uns und das vierte die meiste Zeit als Krankenzimmer diente, denn Herr Amé de Gheugnies und Fräulein Auguste, seine Schwester, hatten nacheinander die Pocken …

Die Stadt, durch die ich mehrmals ging, ist sehr schön, besonders das Viertel, das man neu baut, und das man die Carlstadt nennt, das aber noch nicht fertiggestellt ist, denn die Straßen und der große Platz sind noch nicht gepflastert. Am interessantesten in dieser Stadt ist das kurfürstliche Schloß, das sehr groß ist und in dem die berühmte Düsseldorfer Gemäldegalerie untergebracht ist, die aus fünf großen Sälen besteht und Gemälde der berühmtesten Maler enthält. Durch das Stadttor, das nach dem nahe der Stadt gelegenen Derendorf führt, sieht man das Schloß des pfälzischen Jägermeisters. Vor diesem Schloß liegen sehr schöne Gärten, öffentliche Anlagen, in denen wir manchmal spazieren gingen, vor allem an den Sonntagen.

Die Zahl der Leute, die sich hier einfinden, und der Schmuck der Frauen machen diesen Ort überaus angenehm. Am Eingang zu diesen Promenaden befindet sich das Gärtnerhaus, das sehr hübsch ist und das als Gaststätte dient. Dort befindet sich auch ein schöner Saal, in dem man jeden Donnerstag ein Konzert gibt. In der Umgebung dieser Gärten und der Stadt sind noch andere schöne Promenaden, sowie sehr schöne Ausflugslokale. Nun, mit Geld kann man sich in Düsseldorf und Umgebung sehr angenehm amüsieren.

Manchmal machte ich mir das Vergnügen und ging am Rhein spazieren, wo für gewöhnlich sehr viele Leute waren, um die Fahrgäste der fliegenden Brücke ankommen zu sehen. Einmal war ich an diesem schönen Fluß, um eines jener Holzflöße zu sehen, von denen man bei uns spricht. Sie bestehen aus Tannen- oder Eichenstämmen, die über Kreuz liegend, miteinander verbunden und sehr dicht sind. Ich denke nicht zu übertreiben, wenn ich glaube, daß dieses Floß mindestens 600 Fuß lang ist. In der Nähe des Ruders sind zwei Arten von

Plattformen, auf die diejenigen steigen, die das Floß lenken müssen. Darüber sind mehrere Holzbaracken gebaut, um 200 bis 300 Personen unterzubringen, die es manövrieren müssen. Zu ihrem Bedarf gibt es auch Schmiede, Zimmerarbeiten und Metzgereien. Um dieses merkwürdige Gebilde von nahem zu sehen, mußte man darauf sein; doch um dort hinzukommen, gab es keinen anderen Zugang als über dicke, aneinandergebundene Stämme vom Ufer zum Floß. Herr Dubuisson und Herr Amé von Gheugnies, die mit mir waren, versuchten zuerst die Überquerung. Und ich, der ich nicht weniger mutig sein wollte als sie, folgte ihnen, aber kaum hatte ich zwanzig Schritte getan, bereute ich dies unendlich!

Um meine Bemerkungen abzuschließen, noch etwas zu den Sitten und Gebräuchen des Landes. Zunächst einmal was die Religion anbetrifft: Man praktiziert hier die katholische Religion, die protestantische und die jüdische, aber die erstere ist sehr viel weiter verbreitet als die anderen und das Volk übt sie mit sehr viel mehr Andacht und Frömmigkeit aus als in unserem Land. Ich habe dies insbesondere bei den Prozessionen bemerkt, die in einer Ordnung durchgeführt werden, die Freude macht. Sie werden zuerst von jungen Mädchen in Zweierreihen mit der Lehrerin in der Mitte, die den Rosenkranz betet, eröffnet. Es folgen in gleicher Anordnung die Jungen. Dann ebenso die Frauen, und ebenfalls eine Alte in der Mitte, die den Rosenkranz betet. Anschließend die Geistlichkeit, die Hymnen singt. Schließlich endet die Prozession mit den Männern, immer noch in Zweierreihen mit einem Alten, der den Rosenkranz betet ...

Die Art, das Land zu bebauen, ist einigermaßen von unserer verschieden. Der Pflug ist leichter und es wird dort nur oberflächlich gepflügt. Die Egge ist viereckig. Sie bauen viel

Buchweizen an, der für ihre dicken, schwarzen Brote verwendet wird. Es wird dort auch viel Kohl gepflanzt, womit gehandelt wird. Es gibt mehrere Arten davon, deren wichtigste der Weißkohl ist. Es gibt auch den Rübenkohl, wovon nur der Stengel gegessen wird, der dick und rund wird wie ein großer Apfel. Es gibt auch eine andere Art Weiß- oder Rotkohl, der keine Köpfe bildet. Davon werden die Blätter gegessen, die wie Endivienblätter gekräuselt sind und auf einem Stengel wachsen. Die Rüben in diesem Land werden lang wie unser Kohlrabi und schmecken für gewöhnlich nicht sehr gut. Ich habe besonders gemerkt, daß die Bauern sich sehr um die Einfriedung ihres Erbstücks kümmern. Es gibt sorgfältig mit der Schere geschnittene Hagebuchenhecken, die die Promenaden sehr verschönern. Die Ulmen, die den Wegen entlang gepflanzt werden, und die man ungeschnitten wachsen läßt, sind rund wie Lorbeerbäume und geben ein sehr hübsches Bild ab.

Die Nahrung der Leute in diesem Land besteht aus viel Kaffee, den sie sehr dünn machen, und von dem sie fünf- bis sechsmal am Tag sieben bis acht Tassen trinken.

Was die Bauart angeht, so sind die Häuser, die in den Städten gebaut werden, ungefähr den unseren ähnlich, aus Ziegeln und grauen Quadersteinen, aber die breiten Gesimse unter den Dächern sind aus Tannenholz, die dann steinfarben gestrichen werden. Das Tannenholz ist sozusagen das einzige, das in diesen Gegenden verarbeitet wird, sowohl für die Dachstühle als auch in der Schreinerei. Es ist nicht teuer und wird auf dem Rhein herabgeflößt. Es gibt auch viele Eichen in den umliegenden Wäldern, die aber nur für den Schiffs- und Festungsbau, wofür dieses Holz notwendig ist, verwendet werden. Das Eisen wird hier sehr gut verarbeitet, und ich habe beobachtet, daß die Klingelgriffe an den Häusern sehr elegant hergestellt und mit Eisenblumen und -verzierungen geschmückt sind, was recht hübsche Gegenstände aus ihnen macht. Die auf dem Land gebauten Häuser haben zwei oder drei Stockwerke und sind ganz aus Fachwerk. Die Hohlräume werden mit Backsteinen oder mit lehmverschmierten Ruten ausgefüllt ...

Die Dächer werden gewöhnlich mit Pfannen gedeckt, die mit Strohbündeln anstelle von Mörtel abgedichtet werden.

Die Pferde kamen mir kräftig vor, denn riesige und stark beladene Wagen werden häufig von nur einem Pferd gezogen. Wenn der Fuhrmann das Pferd wenden lassen will, zeigt er ihm die Peitschenspitze, der es genau nachfolgt.

Ich habe vergessen zu sagen, daß in den Gärten nie oder nur sehr selten Schwarzwurzeln oder Gewürzpflanzen, wie Sauerampfer, Kerbelkraut, Petersilie usw. gepflanzt werden, was für unsere Küche sehr unangenehm war, denn aus Sparsamkeit bestand unser Essen meistens aus schlechtem Suppenfleisch. Ich habe auch beobachtet, daß man nicht viel auf Obstbau hält. Das sah man auf den Märkten, wo nur schlechtes Obst zu finden war. In den Gärten, die uns umgaben, sah ich keine Spalierbäume, oder genauer, ich habe nur wenig davon gesehen und die waren auch noch sehr schlecht gepflegt ...

Abgesehen davon, daß das Zimmer sehr häßlich war, mußten all unsere Kinder und Bediensteten darin schlafen. Wir hatten nur ein sehr schlechtes Holzbett ohne Vorhang; es regnete sogar in unser Zimmer. Im allgemeinen waren letztlich wir alle so schlecht untergebracht ...

Trotz all dieser unglücklichen Ereignisse war es an der Zeit, sich nach einer besseren Unterkunft für den bevorstehenden Winter umzusehen. Wir hofften und waren selbst davon überzeugt, daß die Franzosen die Maas nicht überqueren würden. Wir suchten also eine Wohnung, wo wir es bequemer und billiger hätten. Nach einigen Bemühungen fand Mme de Gheugnies eine (in Derendorf), die recht sauber war und aus einem großen Eß- oder Gemeinschaftszimmer bestand, aus einem anderen großen Raum, der Herrn und Frau Gheugnies und ihren Töchtern als Schlafzimmer diente und einem dritten, aber kleinen Raum für uns. In keinem der Zimmer befand sich ein Kamin, außer dem Ofen in dem Gemeinschaftsraum, was im Winter recht ungemütlich geworden wäre. Aber wir fanden keine bessere Unterkunft. Außerdem gab es eine kleine Küche und drei Mansarden ... In dieser neuen Wohnung waren zwölf Stühle und zwei Tische alles, was wir an Mobiliar hatten. Bruil, der Schreiner war, fertigte uns ein Holzbett an, da meine Frau wegen der Kleinen nicht länger auf dem Fußboden schlafen konnte. Was die Familie Gheugnies anbetraf, so schliefen sie alle auf dem Fußboden.

Wenn die Wohnung auch unbequem war, so hatte sie doch auch ihre Vorteile. Es war ein großes, zentral im Dorf gelegenes Gebäude, das ehemals als Fabrik gedient hatte und einem Gemüse- und Tuchhändler gehörte, der Protestant, aber dennoch ein rechtschaffener Mann war ...

Es war die Rede von der Überquerung der Maas und Ourthe durch die Franzosen und vom Rückzug der Österreicher hinter die Roer, was uns um so mehr beunruhigte, als wir befürchten mußten, von neuem unsere Wohnung verlassen zu müssen. Die Regierung von Düsseldorf hatte auch schon angeschlagen, daß die Emigranten die Stadt verlassen sollten. So verloren wir die Aussicht, einen angenehmen Winter in Derendorf verbringen zu können und berieten darüber, was wir mitnehmen sollten. Wir bedauerten unendlich, unsere hübsche Wohnung, in der wir uns schon ein wenig eingerichtet hatten, verlassen zu müssen, um in ein Land zu gehen, wo es uns nicht so gut ginge. Deshalb beschlossen wir, so lange hier zu bleiben, bis es nicht mehr anders ginge und wir endgültig gezwungen wären weiterzureisen; da es aber bei diesen Ereignissen notwendig ist, den Boden unter den Füßen zu behalten, beschloß man, eine Wohnung in Dorsten, auf halbem Wege zwischen Düsseldorf und Münster, d. h. 13 Meilen von jeder Stadt aus, festzumachen …

Am Freitag, den 3. Oktober, als ich in Düsseldorf war, sah ich unendlich viele Kanonen und Munitionswagen vorbeiziehen. Die fliegende Brücke war ständig davon beladen. Dieser Rückzug alarmierte mich sehr. Ich war noch mehr beunruhigt, als ein Uhrmacher, bei dem ich wegen eines Uhrenglases war, mir sagte, daß die Franzosen bei Jülich seien. Ich zweifelte nicht daran, daß sie bald am Ufer des Rheines wären. Und tatsächlich, am nächsten Nachmittag, es war der 4. Oktober, hörten wir plötzlich eine Kanone, die so nah zu sein schien, daß man hätte sagen können, sie wäre in Düsseldorf. Wir waren darüber sehr erschrocken. Man fragte einander, woher die Kanonade komme. Der eine sagte, es seien die Kanonen der Düsseldorfer Festung, die man ausprobiere, der andere meinte, es seien die Österreicher, die den Heiligen Franz, den Schutzpatron des Kaisers, feierten, was ich meiner Frau glauben machen wollte, die sich mehr noch als die anderen ängstigte. Andere wiederum sagten, es seien die Franzosen, die sich bei Neuss befanden und in diesen Tagen dort eingedrungen waren, was mir am wahrscheinlichsten schien.

Deshalb mußten wir den Plan unserer Reise, die am nächsten Tag stattfinden sollte, ändern. Statt daß die ersten Wagen bis Dortmund fuhren, bevor die Pferde zurückgeschickt wurden, wurde nunmehr beschlossen, daß sie nur bis Mülheim an der Ruhr, das fünf Meilen von unserem Dorf entfernt lag, reisten …

Am nächsten Morgen, den 5. d. M. waren die zwei Wagen schon morgens beladen und wir warteten ungeduldig auf die Koffer des Herrn de Ruesne und sein Pferd, das in Düsseldorf abgeholt wurde. Da seitens des pfälzischen Kurfürsten ein großer Bedarf an Pferden bestand, requirierte man alle diejenigen, die man fand ...

Saint Jean lenkte den Wagen seines Herren, vor den dessen Pferd und das von Herrn de Ruesne gespannt waren. Ich führte sie bis außerhalb des Dorfs. Dort sah ich das traurigste Schauspiel: einen langen Zug von Menschen, die beim Anrücken der Franzosen aus Düsseldorf und Umgebung flüchteten, wo es, wie man mir sagte, 30 000 Emigranten gab. Ich glaube jedoch, daß die Zahl übertrieben war. Wir sahen mit Habseligkeiten beladene Esel, die von Frauen geführt wurden. Andere schoben ihr Gepäck auf Schubkarren. Man sah auch viele Wagen und Karren. Ich habe viele, und das war die Mehrheit, mit dem Gepäck auf dem Rücken gesehen. Aber was mir am meisten auffiel war, daß die gutgekleideten kleinen Kinder von acht bis neun Jahren ebenso beladen waren. Ich war sehr traurig, solche Dinge zu sehen. Ich kam zum Haus zurück, den Kopf voll trauriger Gedanken über unsere Situation ...

Kaum war ich zu Hause angekommen, als ich von neuem Kanonendonner hörte und zwar so deutlich, daß man hätte meinen können, es wäre im Dorf gewesen. Es war wirklich nicht sehr weit, denn die Franzosen standen am Ufer des Rheins. Nur noch der Fluß trennte uns von ihnen. Da ich mit einem Brief von Herrn Baudry auf der Post rechnete, war ich diesetwegen in Düsseldorf. Nichts war trauriger zu sehen als dieser Strom von Emigranten, die aus der Stadt flüchteten. In allen Straßen waren Wagen, die man belud und Leute, die sich beeilten, ihre Habseligkeiten zu retten. Ich war am Rheintor, wo man niemanden mehr durchließ. Das geschah nicht ohne Grund, denn ich sah sehr deutlich die Republikaner, die kühn am anderen Ufer entlanggingen. Von da an war ich sehr beunruhigt über den Fortgang der Ereignisse. Ich befürchtete, daß die Franzosen uns nicht die Zeit lassen würden, um uns zu retten. Ich traf einige Dragoner des Grafen de la Tour und teilte ihnen meine Unruhe mit. Sie redeten mir gut zu und sagten, ich könne beruhigt sein, denn wenn die Franzosen die Rheinüberquerung versuchten, so doch nicht gleich. Wenig später grüßte uns M. de Sars aus Valenciennes. Er erzählte uns, daß er von einer Höhe aus sehr deutlich mit einem Fernrohr gesehen habe, daß Kanoniere eine Batterie zusammenstellten und auf Düsseldorf richteten, daß man vermutlich in der Nacht die Stadt beschießen würde und daß der pfälzische Kommandant nicht weit davon entfernt sei, die Stadt aufzugeben. Aber am nächsten Morgen erfuhren wir, daß der österreichische General die Soldaten des Kurfürsten von der Stadt abgezogen und sie durch eigene Truppen ersetzt hatte. Dennoch hatten meine Frau und ich große Angst. Es schien äußerst riskant zu sein, bis Dienstag mit der Abreise zu warten. Zum Glück kannte mein Bruder, der auf dem Weg die Kanone ebenso wie wir gehört hatte, die Lage meiner Frau und wußte, in welcher Not sie war, so daß er beschloß, die Pferde gleich beim ersten Halt zurückzuschicken. Wir waren nicht wenig erstaunt, als man uns sagte, daß die Pferde angekommen seien.

Ich bedauerte sehr, Derendorf zu verlassen, vor allem weil unsere Wohnung, in der wir uns gerade für den Winter eingerichtet hatten, sehr angenehm war ... Wir kamen ohne Zwischenfall und im Gefolge von vielen Emigranten nach Ratingen, einem kleinen Marktflecken, der zwei Meilen von Düsseldorf entfernt liegt.

19. Jahrhundert

Johann Moritz Schwager

Clemens Brentano

Nicolaus Vogt und Alois Wilhelm Schreiber

A. Klebe

Heinrich Heine

Johann Demian

Alois Wilhelm Schreiber

P. Rosenwall

Carl Julius Weber

Felix Mendelssohn Bartholdy

Friedrich von Uechtritz

Hans Christian Andersen

Fanny Lewald

Robert Schumann

Clara Schumann

Gottfried Keller

Ludwig Löffler

Eduard Daelen

Théophile Gautier

---

ine wahre Blütezeit der Reisebeschreibungen über den Rhein lässt sich in der ersten Hälfte des 19. Jahrhunderts verzeichnen, wovon zahlreiche abgedruckte Schilderungen zeugen, darunter ein Auszug aus dem berühmten und damals unverzichtbaren »Taschenbuch für Reisende« von Alois Wilhelm Schreiber.

Was Düsseldorf im 19. Jahrhundert ausmacht, wird aber vor allen Dingen aus der Perspektive von großen Künstlerinnen und Künstlern aller Sparten erzählt – sei es in Briefen, Tagebüchern, Gedichten oder Erzählungen. Zu den berühmtesten zählt sicherlich Heinrich Heine, der in der Bolkerstraße mit der heutigen Hausnummer 53 geboren wird. Das gängige Datum, der 13. Dezember 1797, ist übrigens nicht gänzlich gesichert: Die Dokumente über Geburt und Beschneidung sind verbrannt beziehungsweise von Heine selbst vernichtet worden. So sind wir auf Vermutungen angewiesen. Gelegentlich gibt Heinrich Heine sogar exakt den Jahreswechsel vom 31. Dezember 1799 auf den 1. Januar 1800 an, um als erster Mann eines neuen Jahrhunderts in die Geschichtsbücher einzugehen. In »Ideen. Das Buch Le Grand« schildert er rückblickend und durchaus sehnsuchtsvoll seine Beziehung zur Vaterstadt, nicht ohne jedoch mit einer schnurrenden Anekdote zur Reiterstatue Jan Wellems seinen Humor aufblitzen zu lassen.

Dass Düsseldorf seit dem 19. Jahrhundert mit den Nieder-
rheinischen Musikfesten und dem Musikverein eine Stadt
der bürgerlichen Musikkultur ist, veranschaulichen die Texte
von Felix Mendelssohn Bartholdy sowie von Robert und
Clara Schumann – wenngleich der fröhliche und beliebte
Mendelssohn so einigen Streit mit dem Theaterdirektor Karl
Leberecht Immermann austragen musste und die Familie
Schumann zunächst sehr skeptisch war, weil sich in Düssel-
dorf laut geographischem Nachschlagewerk lediglich »drei
Nonnenklöster und eine Irrenanstalt« befanden.

Musik, Theater und bildende Kunst gingen zur damaligen
Zeit übrigens bestens Hand in Hand. Die Künstler der Düsseldorfer Malerschule, ausgebildet an der Kunstakademie,
sangen in den Chören der Musikdirektoren oder stellten
Theaterkulissen her, wohingegen die Literaten Texte für das
Theater ebenso wie für gesellige Umzüge oder für Libretti
beisteuerten. Von dem geselligen und bisweilen auch wein-
oder bierseligen Miteinander erzählen die Eindrücke von
Gottfried Keller, Ludwig Löffler und Eduard Daelen.

REISEBEMERKUNGEN
(1800)

Der Victualien-Markt war in Düsseldorf wohl besetzt; um Düsseldorf wird vortrefliches Gemüse gebaut; der Rhein giebt Fische, geschlachtet ward fleißig, und wir labten uns am frischen Rheinlachs, den wir über unsere Erwartung wohlschmeckend fanden. Das Brod ist gut, die kleinen Semmel sind delikat, nur den Rheinwein in den Gasthäusern könnte ich nicht besingen, wenn ich auch ein Dichter wäre, und es mir in allen fünf Fingern kribbelte. Bei Freunden ist der Fall freilich anders, und für mich noch am beßten wenn es guten, alten Moselwein gab.

Des Nachmittags waren wir einige Stunden auf der Gemäldegallerie, 4 Säle waren wieder aufgestellt, dem neuen Firnisse hatte der alte Platz gemacht, und es war einem, als kämen die Gemälde erst frisch von der Staffelei. Mein Gedächtniß ist mir ungetreu, aber es muß doch noch etwas da seyn, das seine Stelle vertritt, denn meine Lieblingsstücke waren mir noch so bekannt, als hätte ich sie vor wenigen Tagen gesehen; ich wußte selbst die Stelle gleich wieder zu finden wo z. B. Schalks Nachtstücke und Rubens jüngstes Gericht hangen mußten, und ich fand sie auch dort. Ich besaß in der Jugend eine Liebhaberei an der Malerkunst, besah die Düsseldorfer Gallerie oft, und manche Privat-Sammlung in Kölln, Aachen, Mastricht, Holland und Bremen; mein seitdem ungenährter Geschmack hatte mich noch nicht ganz verlassen.

Traurig sieht übrigens das Schloß nach der Rheinseite und der herzogliche Marstall aus; nur Rudera hat das Bombardement der Franzosen übrig gelassen. Aber die Gallerie, die damals ihre Gemälde in Glückstadt hatte, ist völlig unbeschädigt geblieben, und von dem höhern Schloßgebäude bedeckt und beschützt worden.

Ein neuer Theil von Düsseldorf, die Carlstadt, war erst seit meinem letzten Hierseyn entstanden, und setzte mich durch die Pracht ihrer Gebäude, die Regelmäßigkeit ihrer Straßen, und besonders durch den großen, viereckigen Platz in Erstaunen, denn seinesgleichen sah ich niemals. Ein Pallast steht neben dem andern, kein Pfuschwerk schändet oder erhebt das benachbarte Gebäude; nur reiche Leute konnten diese Stadt schaffen, und Baumeister vom ersten Fluge sie dem Auge so wohlthätig machen. Auch die Dänzer'sche Buchhandlung findet sich in einem schönen Hause an dem majestätischen Platze, hinter dem Garten ein Gebäude mit den Druckerpressen. Der Buchhändler Dänzer ist todt, seine Wittwe, eine angenehme Frau, setzt die Handlung ihrer beiden Söhne wegen fort, die auch zum Buchhandel bestimmt sind, und scheint, wie man sagt, sie mit Glück fortzusetzen. Neben ihr existirt der Buchhändler Schreiner, in Elberfeld der Buchhändler Büschler, und in Gemarke eine Niederlage der Dänzer'schen Buchhandlung; in Kölln regt sich der Buchhandel auch, und am Niederrheine muß die Lust zum lesen sehr groß seyn; in meiner Jugend wäre eine einzige Sortiments-Handlung vielleicht zu viel gewesen.

Gern hätte ich auch den vortreflichen Jacobi in Pempelforth besucht, aber meine Zeit war zu beschränkt. Den lutherischen Prediger Hartmann hatte ich noch als Schüler in Osnabrück gekannt, brachte ein Stündchen angenehm bei ihm zu, und erfuhr durch ihn die Wohnung meines Neffen Moritz Garnfeld, den ich auch noch heimsuchen, und ihm die Freude machen konnte, seinen Oheim und seine Tante, die er in etwa zwanzig Jahren nicht sah, bewirthen zu können. Ich machte hier noch, wie ich glaube, eine geschwinde Bekehrung; er war mit dem Mülheimischen Lesebuche für seine Kinder nicht sehr zufrieden, vielleicht weil er es in seinen Schuljahren nicht gekannt, und gebraucht hatte; er traute mir ein richtiges Urtheil zu, und war mit dem Lesebuche ausgesöhnt, als ich ihn verließ.

Am 19. Junius reisten wir nach Mülheim am Rheine.

AUS DEN BRIEFEN
(1802)

Düsseldorf, den 15. November 1802

Liebe Toni!

Wenn mich Raphael, Rubens und Van der Werff, nicht so be-
schäftigten so hätte ich euch früher geschrieben, und auch
diesmal nur wenig, du hast es der Madonna von Carlo Dolci
zu verdanken, das Jesus Kind ist so wunderschön, daß mir dei-
ne Schwangerschaft einfiel, o könntest, oder vielleicht schon
hättest du dies Kind gesehen. Ich bleibe noch einen Monat
hier, die hiesige Schauspieler Truppe, die für das Schauspiel
bei weitem besser als die Frankfurter ist, wird mein Stück auf-
führen, ich schreibe schon daran. Ach was habe ich für Dinge
gesehen, die herrlichen Alterthümer in Cölln, die schlechten
Menschen überall, die himmlischen Bilder hier. Ich wohne wie
ein Engel hoch in Lüften, einsam und sehr schön die schönsten
Bilder der Gallerie hängen in Kupfer in meiner Stube, meine
alte Hauswirthin ist ein Wunder der Freundlichkeit und Güte,
und recht wohlfeil. Mittagessen 14 x 2 Stiber per Monat mit
Allem 2 Laubth. Schauspiel frey, etc. und muntern Sinn, ohne
Pretension und Trauer, was will ich mehr? das will ich dir
gleich sagen, ich habe einen lebendigen Rosenstock auf meiner
Stube, die Madam hat mir ihn gegeben ich soll ihn einer schönen Frau schenken – die fehlt, Wilhelm Meister, was bist du
ohne Marianne? – … ich lebe so sparsam, daß ich nicht zu
Nacht esse. Nächstens schicke ich euch einige Pfund des vortrefflichen hiesigen Senftes, der sehr wohlfeil ist. Sollte Franz

hier Jemand haben, dem er mich empfehlen könnte, das wäre mir unendlich lieb, obschon ich einige angenehme Bekanntschaften habe. Wenn Briefe für mich angekommen sind, so schicke sie mir, bei Madame Breitenbach im Haus des Schreinermeister Franz in der Carlstadt a Dusseldorf. Mein Aufenthalt ist mir von großem Nutzen, und ich bin sehr froh.

1. Dezember 1802

Lieber Savigny.

Ich weiß nicht, ob sie mein leztes melancholisches Briefchen erhalten haben, aber ich weiß, daß ich hier in einer wunderschönen kleinen Stube wohne, die Aussicht über das weite Feld, daß ich eine kleine Oper, die jezt componirt wird, in 4 Tagen schrieb, die ziemlich schlecht, ziemlich gut ist. Daß ich eine größere Oper schreiben werde, und der Orchester director der hiesigen sehr braven Truppe, componiren wird und mir dafür Music lehren will, dieser Musicus Burgmüller ein verschmuztes Genie war sonst in Weimar Director, hat viel für Göthen Componirt unter andern, ein uns unbekanntes Ding Gottfrids Sieg.

Ich gehe täglich ins Theater, das ich frei habe, und werde einstens bereuen, daß ich nicht oft genug in die Gallerie gehe. Das Theater lerne ich hier tüchtig kennen, Wilhelm Meister wäre ich armer schwankender, Marianen Philinen, wären diese Hürchen und Mezzen, wenn wir von Göthe gedacht wären, grüßen sie alles, und schreiben sie mir alle Litteraria, hier ist darinn der Tod.

Lieber Savigny!

Meine kleine Oper wird nicht aufgeführt, weil der unendlich faule Compositeur, in seiner Musick nie fertig wird, und das ganze Volk mich langweilt mit seinem Schlendrian. Ich habe außer ihren hinlänglichen Briefen, vor kurzem die Freude hier gehabt Krey zu finden, der hier practicirt, Wir sind fast täglich zusammen, und ich freue mich an seiner Kraft und Naivität, wenn er von Schelling spricht und wie er ihm selbst, gesagt, daß er der einzige Schüler von dem Herrn Professor sei, der ihm eingestehe, gar kein Wort von ihm zu verstehen, und wie ihm Schelling dann erwiedert, er stehe nicht auf dem gehörigen Standpunkt, und ihn doch nie hätte drauf bringen können etc. so ist das herzerquickend gesund anzuhören, er grüßt sie freundlich und wird uns in Marburg bald besuchen.

Mein guter Wille für andre ist zu groß, für mich ist er zu klein, ich kann die schlechten zu wenig brauchen, mich zu verbessern, waß doch die Natur thut die ihre toden Kinder frißt, ich kann daher mich nicht länger mit diesem Volke abgeben, und die Gallerie besuche ich nicht mehr, weil die Lümmel und Gassenjungen die dort herrschen, mich sentimental machen könnten ich habe alle die Bilder in meiner Seele so ziemlich gehabt, ehe ich die Gallerie sah, und finde mich nicht sehr durch ihren Anblick bereichert. – Ich würde längst abgereist sein, wäre es überhaupt der Mühe werth abzureisen, man hat eine der Natur gewaltsam eingepfropfte Erwartung bei allen Uebergängen, aber schon zum drittenmale weine ich in der Nähe von Frankfurt nicht mehr, weil ich der Heimath nahe, sondern weil ich mich immer vergebens rühre, da ich dort keine Freunde finde; So ist mir jezt alles Abreisen dadurch traurig, weil ich es so oft vergebens that; So wird mir es einst schwer werden zu sterben, weil ich es werde vergebens thun müssen. Senden sie mir 6 oder 8 Kupferstiche, aus meiner Sammlung oder der ihrigen, die brillieren uns aber nicht gefallen, ich will sie gegen hiesige gute Galeriebilder vertauschen, die ich dagegen zurükzubringen [denke], dencke aber bald daran.

Skize des Grosherzogthums Berg nach seiner neuesten Eintheilung in Departements und Bezirke und nach den bezeichneten Ortsbestimmungen, entworfen von F. W. Streit, Ober-Lieutnant.

ANSICHTEN

(1805)

Düsseldorf hat seinen Namen von dem Düsselbache, der sich unter den Wällen der Stadt in den Rhein ergießt. Ihre Lage, in der reichen Ebene, ist angenehm, und sie zeichnet sich, vor den meisten Rheinstädten, durch heitre Straßen und freundliche Reihen schöner Häuser aus. Die Franzosen beschossen die Stadt im Oktober 1794, und dadurch wurden das Schloß und einige andere Gebäude in traurige Ruinen verwandelt. Die Gräben sind nun ausgefüllt, und die Wälle größtentheils abgetragen.

Düsseldorf zählt ohngefähr 18000 Einwohner, und verdankt seine Erweiterung und Verschönerung hauptsächlich dem edeln Churfürsten Johann Wilhelm, dessen Bildsäulen auch auf dem Markte und auf dem Schloßplatze zum dankbaren Andenken stehen. Nur Schade, daß der Ritter Crepello, von dessen Hand sie sind, ein sehr mittelmäßiger Künstler war, dem es eben sowohl an Genie als an Geschmack fehlte, und der sich nur auf die materielle Behandlung etwas verstand.

Der Hofgarten war sonst ein angenehmer Spaziergang, mit schattigten Gängen und blühenden Gesträuchen, aber der Krieg hat auch dieses Schöne zerstört und die neue Pflanzung weckt nur noch ein schmerzliches Andenken.

Das Interessanteste, was Düsseldorf aufzuweisen hat, ist die vortreffliche Gallerie, die vielleicht an keinem Ort schicklicher aufgestellt seyn könnte, als hier, wo die schöne Natur aufhört, und der Mensch aus ihren herrlichen Schöpfungen mit offnem und unbefangenem Sinn in die Welt der Ideale tritt ...

RHEINREISE

(1805)

Von Neuß führt der Weg über eine große Wiese an den Rhein, wo eine Ueberfahrt ist. – Gegenüber liegen einige Häuser, die man Auf dem Stein nennt. Hier befand sich im 30jährigen Kriege eine von den Hessen erbaute Schanze, die aber von ihnen nach dem Friedensschlusse wieder geschleift wurde.

Oberhalb des Steins liegen am rechten Ufer noch, von Himmelgeist an, die Dörfer Flie, Billich und Wallmersroth, die Lorettokapelle (von Marie Anna Luise von Medicis erbaut) und Hamm. Bei diesem Dorfe macht der Rhein wieder eine Krümmung zur Rechten, und Düsseldorf mit seinem weißen zerstörten Schlosse zeigt sich am Ufer.

Düsseldorf, die Hauptstadt des Herzogthums Berg, und der Sitz der Regierung und sämmtlicher Landes-Collegien liegt in einer schönen Ebene am Rhein, in welcher der an der südlichen Seite der Stadt fließende Düsselbach sich ergießt. Diese Stadt gehört unter die wohlgebautesten am Rhein. Sie hat einige gerade und helle Straßen, schöne öffentliche Plätze, mehrere ansehnliche Privatgebäude und Kirchen. Bis zum Friedensschlusse von Lüneville (1801) war Düsseldorf eine Festung; nach dem Abschluß desselben wurden seine Werke geschleift …

Der Marktplatz in Düsseldorf ist ein schöner, ziemlich regelmäßiger Platz, auf dem das Rathhaus, das Gouvernementhaus und einige bürgerliche Häuser sich auszeichnen. Mitten auf diesem Platze sieht man die Statue des Kurfürsten Johann Wilhelm von der Pfalz zu Pferde von gegossenem Metall auf einem Fußgestelle von grauem Marmor. Sie ist von dem Ritter Crepello gegossen, und wirklich eine Zierde dieses Platzes …

Ich kenne keine kleine Stadt von diesem Umfange, wo ein Fremder sich so angenehm unterhalten könnte, als hier. Zwar hat ihr Wohlstand durch den Krieg unendlich viel verloren. Reiche und Arme haben 7 Jahre lang unaufhörlich Soldaten ernährt, und Contributionen und Requisitionen in unglaublichen Summen bezahlt, und alles gelitten, was man im Kriege leiden kann; aber dies alles hat die Jovialität der Einwohner, die Lust an Tanz und Spiel und Sang nicht unterdrücken können. Sie ergreifen jede Gelegenheit, die sich zur Freude findet, und vergessen gern die Armuth, die einen großen Theil drückt; auf Spaziergängen, auf Lustparthieen und in den Tanzsälen. Man sieht hier immer eine große Anzahl schöner weiblicher Figuren, die man nach ihrer Kleidung und Haltung gallischen Ursprungs halten müßte, wenn nicht das Teutsche, welches sie freilich nicht im bessern Dialekt reden, mich überzeugte, daß sie meine Landmänninen wären. Die in den übrigen Städten des Bergischen wohnenden Frauenzimmer haben sich diesen Pli noch nicht ganz zu eigen machen können, weshalb auch eine gewisse Kälte zwischen beiden Parthieen bemerkbar ist…

Unter den Gasthöfen in Düsseldorf kann ich den goldenen Anker bei Giemens als einen der besten nennen. Er hat eine gute Lage am Schlosse, nahe am Markte.

Um mit dem Personale der öffentlichen Beamten in Düsseldorf und in dem Herzogthum Berg überhaupt, so wie mit den Landes-Collegien, öffentlichen Anstalten u. s. w. bekannt zu werden, dient das Düsseldorfer Addreßbuch von Herrn Lenzen.

Das Herzogthum Berg gehört wegen der Betriebsamkeit seiner Einwohner zu den wohlhabendsten und von einem Reisenden besuchenswerthesten Ländern in Deutschland. Bei einem im Ganzen kalten und unergiebigen Boden, besonders in den höhern Gegenden, wußten sich die Einwohner Erwerbsquellen zu öffnen, die einen seltenen Wohlstand unter ihnen erzeugen. Eine Reise durch dies Land, nach Elberfeld (6 Stunden) und durch das Wupperthal nach Schwelm (3 Stunden) gehört zu den angenehmsten, die man machen kann. Von Düsseldorf führt eine Chaussee dahin, die aber zum größten Theil sehr schlecht unterhalten ist.

Einzug des Kaisers Napoleon in Düsseldorf am 3. November 1811.
Druck nach dem Original von J. Petersen, 1892.

IDEEN. DAS BUCH LE GRAND
(1826)

Die Stadt Düsseldorf ist sehr schön, und wenn man in der Ferne an sie denkt und zufällig dort geboren ist, wird einem wunderlich zu Mute. Ich bin dort geboren, und es ist mir, als müßte ich gleich nach Hause gehn. Und wenn ich sage nach Hause gehn, so meine ich die Bolkerstraße und das Haus, worin ich geboren wurde. Dieses Haus wird einst sehr merkwürdig seyn, und der alten Frau, die es besitzt, habe ich sagen lassen, daß sie bey Leibe das Haus nicht verkaufen solle. Für das ganze Haus bekäme sie doch jetzt kaum so viel, wie schon allein das Trinkgeld betragen wird, das einst die grünverschleyerten vornehmen Engländerinnen dem Dienstmädchen geben, wenn es ihnen die Stube zeigt, worin ich das Licht der Welt erblickte, und den Hühnerwinkel, worin mein Vater mich gewöhnlich einsperrte, wenn ich Trauben genascht, und auch die braune Thüre, worauf Mutter mich die Buchstaben mit Kreide schreiben lehrte – ach Gott! Madame, wenn ich ein berühmter Schriftsteller werde, so hat das meiner armen Mutter genug Mühe gekostet.

Aber mein Ruhm schläft jetzt noch in den Marmorbrüchen von Carrara, der Makulatur-Lorbeer, womit man meine Stirne geschmückt, hat seinen Duft noch nicht durch die ganze Welt verbreitet, und wenn jetzt die grünverschleyerten vornehmen Engländerinnen nach Düsseldorf kommen, so lassen sie das berühmte Haus noch unbesichtigt und gehen direkt nach dem Marktplatze, und betrachten die dort in der Mitte stehende schwarze, kolossale Reiterstatue. Diese soll den Kurfürsten Jan

Wilhelm vorstellen. Er trägt einen schwarzen Harnisch, eine tief herabhängende Allongeperücke – Als Knabe hörte ich die Sage, der Künstler, der diese Statue gegossen, habe während des Gießens mit Schrecken bemerkt, daß sein Metall nicht dazu ausreiche, und da wären die Bürger der Stadt herbeygelaufen und hätten ihm ihre silbernen Löffel gebracht, um den Guß zu vollenden – und nun stand ich stundenlang vor dem Reiterbilde und zerbrach mir den Kopf, wieviel silberne Löffel wohl darin stecken mögen, und wieviel Apfeltörtchen man wohl für das Silber bekommen könnte? Apfeltörtchen waren nämlich damals meine Passion – jetzt ist es Liebe, Wahrheit, Freiheit und Krebssuppe.

… HART AM RECHTEN UFER DES RHEINS
(1810)

Eine halbe Stunde unter Neuß liegt am linken Ufer das Dorf Herdt, wo der Rhein eine starke Krümmung rechts, nach Nieder-Bilck und Düsseldorf macht. Merkwürdig ist hier der große, gegen die Überschwemmungen des Rheins angelegte Damm, welcher sich von Herdt über Cassel und Lürich auf 2500 rheinländische Ruthen weit erstreckt aber für das jenseitige Uferland sehr nachtheilig ist. Denn wäre er bei den fürchterlichen Eisgängen in den Jahren 1784 und 1795 von der Gewalt des Wassers nicht durchbrochen worden, so hätten Nieder-Bilck und Düsseldorf größtentheils zu Grunde gehen müssen.

Nun haben wir Düsseldorf vor uns, das hart am rechten Ufer des Rheins liegt … Der Boden ist eben. Aber an der östlichen Seite der Stadt zieht eine Kette von Sandhügeln hin, welche von Norden nach Süden fast parallel mit dem Rheinstrom läuft, und eine Höhe von dreißig Fuß erreicht. Weiter gegen Osten, eine Stunde von der Stadt, erhebt sich bei Grafenberg eine Flötz-Gebirgswand, welche 200 Fuß über die Bodenfläche des Rheins erhaben ist.

Ursprünglich bestand Düsseldorf blos aus dem auf der rechten Seite der Düssel befindlichen Theil der Stadt, und hatte sich erst später durch die erhaltene Vergrößerung bis auf das linke Ufer ausgedehnt… Die bedeutendsten Vergrößerungen erhielt Düsseldorf unter den Kurfürsten Johann Wilhelm und Karl Theodor, so daß gegenwärtig die Stadt aus drei Theilen besteht, nämlich:

1) Aus der Altstadt, welche das eigentliche ursprüngliche Düsseldorf ist;
2) aus der Karlstadt, welche vom Kurfürsten Karl Theodor im Jahr 1787 an der Südseite der Altstadt erbaut wurde, und auch von ihm den Namen erhielt;
3) aus der Neustadt, welche Johann Wilhelm, der vom Jahre 1690 bis 1716 regierte, erbaut hat.

Die ersten beiden Theile, die Alt- und Karlsstadt, bilden ein zusammenhängendes Ganzes, das bis zum Lüneviller Frieden mit Festungswerken umgeben war, die hernach geschleift wurden; die Neustadt aber liegt außer dem Berger-Thor, in einer Entfernung von ohngefähr 2000 Schritten, am Rhein hin, und ist ein offener Ort, der weder Thore noch Barriere hat. Dagegen hat die ganz zusammenhängende Alt- und Karlsstadt folgende Thore: 1) Das Ratinger-Thor, aus welchem die Heerstraße nach Ratingen, Wesel, Kaiserswerth und Münster führt; 2) das Flinger-Thor, aus welchem die Heerstraße nach Mettmann und Elberfeld zieht; 3) das Berger-Thor, durch welches eine chaussirte Straße nach Volmerswerth an den Rhein führt; 4) das Zoll-Thor, an den Rhein, zur fliegenden Brücke, so wie zum Krahnen, Lagerhaus und alten Hafen führend; 5) das Benrather-Thor, aus welchem die Heerstraße nach Benrath, Mühlheim am Rhein und Deutz zieht.

Die zusammenhängende Alt- und Karlsstadt hat 1120 Häuser, dreiundvierzig Straßen und sechs öffentliche Plätze. Die letztern sind: der alte Markt, der Parade- oder Friedrichsplatz, der Burg-Platz, der Karls-Platz, der Kasernenhof und der Exercierplatz. Dagegen hat die Neustadt nur 182 Häuser, während sie aus einer Hauptstraße mit mehreren kleinen Nebengäßchen besteht. Im Ganzen hat Düsseldorf 1254 Feuerstellen. Die Zahl der Straßen-Laternen beträgt 288, und die der öffentlichen Brunnen sechsundzwanzig.

Der schönste Theil von Düsseldorf ist die Karlsstadt, welche seit der Abtragung der Festungswerke im Jahr 1802, noch mehr verschönert und erweitert wurde. Sie besteht aus mehreren Quadraten, die einen großen viereckigen Platz umschließen. Die schönste Straße in derselben ist die Alleestraße, oder neue Promenade, welche seit der Anwesenheit des Königs von Preußen, am 2ten September 1817, den Nahmen Friedrichsstraße erhalten hat. Auch die Neustadt, besonders die Hauptstadt, ist schön gebaut und hat mehrere prächtige Häuser. Dagegen ist die Altstadt meist eng, finster und unansehnlich, besonders der auf der Nordseite der Düssel liegende Theil derselben.

Die sehenswerthesten Gebäude in Düsseldorf sind:
1. Das mit einer Seite nach dem Rhein stehende Schloß, von dem aber nur noch ein Flügel steht, indem der andere Theil durch das Bombardement der Franzosen im Jahr 1796 zerstört worden ist. In dem noch erhaltenen Schloßflügel befindet sich gegenwärtig die Münze, die Bibliothek und das Salzamt. Merkwürdig ist hier der im Bogengange zwischen dem Eingange zur Münze, eingemauerte Stein, welcher dem Andenken des von Kaiser Friedrich I. befestigten Landfriedens gewidmet ist. Er ist ein Fuß acht Zoll hoch, acht Fuß sieben und drei Viertel Zoll lang, und zwei Fuß zwei Zoll dick, und ist unter der Regierung des Kurfürsten Johann Wilhelm von Kaiserswerth, wo er im Jahr 1703 unter den Trümmern der Festungswerke gefunden wurde, hierher gebracht worden ...

2. Die Pfarrkirche zu St. Lamberti, welche zum ehemaligen Kollegiat-Stift gehörte, und die älteste Kirche in Düsseldorf ist. In derselben liegen die Herzoge Wilhelm und Johann Wilhelm von Kleve, Berg und Jülich begraben …

3. Die ehemalige Jesuiten- oder Hofkirche, welche aber in ihrem Innern unvollendet geblieben ist. Sehenswerth sind hier die äußerst reich mit Gold und Silber gestickten Meßkleider, wovon eines vom Jahr 1685 ist, und die andern von den Schwestern des Kurfürsten Johann Wilhelm verfertigt wurden. Auch enthält diese Kirche folgende Grabmäler: 1) des Herzogs Wolfgang Wilhelm, welcher am 20. März 1653 starb. Sein Leichnam, in ein Mönchsgewand gehüllt, ist besonders gut erhalten. 2) Des Kurfürsten Johann Wilhelm, welcher am 8. Juni 1716 starb, und in einem zinnernen, mit vielen vergoldeten Verzierungen versehenen Sarg ruht. 3) Des Prinzen Friedrich, Bruder des Kurfürsten Johann Wilhelm, welcher im Jahr 1683, in einem Gefechte bei Mainz geblieben ist. 4) Der Anna Constantia, ersten Gemahlin Herzogs Philipp Wilhelm. 5.) Von drei andern Geschwistern des Kurfürsten Johann Wilhelm. 6) Einer angeblich polnischen Prinzessinn in einem mit rothem Sammet überzogenen Sarg.

4. Das Gallerie-Gebäude, in welchem sich die Statue des kunstliebenden Kurfürsten Johann Wilhelm befindet. Sie ist von Joseph Baumgärtgen aus weißem Marmor verfertigt, und steht auf einem Piedestal von gleichem Marmor, mit passenden Verzierungen und Inschriften versehen, welche auf Beschützung und Beförderung der Künste und Wissenschaften Bezug haben.

5. Die ehemalige Kreuzbrüderkirche, in welcher die unglückliche, schuldlos gemordete Jacobea von Baden, Gemahlin des Herzogs Johann Wilhelm, begraben liegt. Nur ein gemeinsamer Grabstein, ohne Inschrift, vom hohen Chor rechts, an der Stelle, wo sonst ein Nebenaltar stand, deckt die Gebeine derselben...

6. Die große Kaserne, welche jetzt verschönert und zum Theil für Kavallerie eingerichtet worden ist.

7. Das Schulten'sche Kaffeehaus ist auf der Mühlenstraße, welches das älteste Haus in Düsseldorf ist, und sich von allen übrigen Häusern durch seine Giebel-Bauart auffallend auszeichnet.

8. Das Schauspielhaus, ein königliches Gebäude, das dem Theater-Actionär-Verein, welchem auch die Garderobe und sonstigen Theater-Requisiten gehören, gegen die Unterhaltungskosten überlassen ist.

9. Das Rathhaus auf dem alten Markte, vor welchem die Statue des Kurfürsten Johann Wilhelm in kolossaler Größe aus Bronze, vom Ritter Crupello gegossen, steht. Der Kurfürst sitzt zu Pferde, im Brustharnisch, den Kommandostab in der Hand. Der Sockel ist von grauem Marmor, der in der Gegend von Ratingen gebrochen wird. Dieses Monument hat die Stadt Düsseldorf dem kunstliebenden Kurfürsten aus Dankbarkeit für die Stiftung der Gallerie errichten lassen. Auf dem alten Markte steht auch das Haus, welches dem Bildhauer Crupello gehörte und jetzt das italienische Kaffeehaus ist.

Einwohner zählte Düsseldorf im Jahr 1817, mit Ausschluß des Militärs, 15,469, worunter sich 12,973 Katholicken, 1112 Lutheraner, 1082 Reformirte und 302 Juden befanden. In der Alt- und Karlsstadt wohnten 14,402, und in der Neustadt 1067 Seelen. Die Katholicken besitzen vier Kirchen, die Lutheraner eine, die Reformirten gleichfalls eine, und die Juden eine Synagoge. Von Klöstern sind noch in Düsseldorf ein Karmelitiner-Kloster mit elf Nonnen, welche von Almosen leben; ein Ursuliner-Kloster mit zehn Nonnen, welche von einer weiblichen Erziehungsanstalt sich nähren, und ein Cöliten-Kloster mit zehn Nonnen, die sich der Krankenpflege in Privathäusern widmen. Die Bernhardiner-Abtei vom Orden a la Trappe, so wie das Franziskaner- und Kreuzbrüder-Kloster sind aufgehoben worden.

Die Hauptnahrung geben Gewerbe und Handel, Schifffahrt, Gartenbau, die Landeskollegien und die Garnison. Gewerbe zählte man im Jahr 1817 bei 1370, worunter 61 Bierbrauer, 38 Branntweinbrenner, 23 Weinwirthe, 54 Bäcker, 52 Metzger, 173 Schneider, 163 Schuster, 100 Schreiner, 15 Goldarbeiter, vier Silberarbeiter, zwei Jouwelier, 36 Schlosser, vier Nagelschmiede, ein Messerschmied, drei Büchsenmacher, fünf Blechschläger, acht Hufschmiede, vier Kupferschmiede, 22 Sattler, neun Wagner, 23 Maurer, 24 Schieferdecker, neun Zimmerleute, 14 Weber, ein Gürtler, drei Gelbgießer, 10 Uhrmacher, ein Graveur, 10 Zuckerbäcker, 43 Musikanten, 14 Barbierer, 17 Perückenmacher, 21 Pliesterer, 29 Faßbinder, 12 Glaser, 13 Hutmacher, 21 Karrenbinder, fünf Färber, sieben Seifensieder, drei Strumpfwirker, ein Seidenweber, fünf Posamentirer, fünf Tapezirer, sechs Vergolder, zwei Zinngießer, sechs Knopfmacher, fünf Handschuhmacher, 11 Mahler, drei Bildhauer, sieben Apotheker, sieben Buchbinder, sechs Dreher, ein Kammacher, ein Sparer, drei Lohgerber, zwei Stiefel-schachtmacher, drei Weißgerber, zwei Seiler, zwei Nadler, drei Stuhlflechter, ein Goldsticker, fünf Instrumentenmacher, zwei Lackirer, zwei Optiker, ein Paraplümacher, drei Schiffbauer, 35 Fuhrleute, vier Fischer, 70 Schenker oder Zapfer, sieben Kaffeesieder, fünf Essigbrauer u.s.w.

Größere Fabricksanstalten sind in Düsseldorf:
1) Die vier Rauch- und Schnupftabacksfabricken von W. F. Camphausen, H. Camphausen, Peter Pelzer und Söhne, und J. W. Pelzer. 2) Die drei Chaisenfabricken von Wathissen, C. L. Hauer und Gebrüder Sehleger. In den beiden ersten Fabricken findet man auch stets einen Vorrath von Pferdegeschirren und andern Sattlerarbeiten. 3) Die vier Lederfabricken von Karl Maul, Fr. Botz, Kölsch und Hugo, und Hansen und Busch. Sie erzeugen sowohl Sohl- als Kalbleder. Von geringerem Umfange sind die Spiegelfabrick, die Spielkartenfabrick, die Senffabrick und die Liqueurfabrick.

Der Handel von Düsseldorf ist theils Commissions- und Speditionshandel, womit sich bei zwanzig Häuser beschäfti-gen, theils Eigenhandel mit Getreide, Wein, Kolonialwaaren, Kalk, Steinkohlen, u. dgl. Eine große Menge Getreide erhält Düsseldorf vom linken Rheinufer, besonders von Neuß, und versendet dasselbe theils nach Holland, theils in die hinterge-legenen Bergischen und Märkischen Gegenden. Wein kommt sowohl zum eigenen Verbrauch, als auch zur weitern Ausfuhr von den obern Rheingegenden, so wie von der Mosel und Ahr, und Kolonialwaaren bringen die Düsseldorfer Rangschiffer aus Amsterdam und Rotterdam zurück, welche alsdann zum Theil im Lande bleiben, zum Theil aber weiter verführt wer-den. Die Steinkohlen liefern die Ruhrgegenden, und der Kalk kommt besonders aus der Gegend von Ratingen. Im Jahr 1817 zählte man in Düsseldorf 190 Kaufleute, einundfünfzig Krämer und zwölf Trödler.

Die vorzüglichsten Großhändler sind: Fried. Hoffmann und Sohn, in Wechsel, Commission und Spedition; Scheuer und Cohen, in Wechsel und Commission; S. Prag, in Wechsel und Commission, E. A. Ditges, in Kolonialwaaren und Getreide, dann Commission und Spedition; D. Cattmann, in Kolonialwaaren; Dahmen, in Weinen; Guntrum, in Weinen; J. Th. Hartmann, in Kolonialwaaren und oberländischen Produkten; E. Hopfensack, in Wolle; E. Horre, in Weinen; W. Nierstras, in Materialwaaren; A. Overhoff, in deutschen Manufakturwaaren; W. Ronstorff, der ältere, in deutschen und englischen Manufakturwaaren; Jos. Rymenans, in Kolonialwaaren, Spedition und Commission; David Seelig, in Kolonialwaaren; J. G. Solbrig, in Wolle; Jakob Schare, in Weinen; Steltzmann, in Weinen; Sturm, in Weinen; Schuster und Stommel in roher Seide und Baumwollengarn; P. Stommel und Gebrüder Schöller, in Manufakturwaaren; J. Tissen, in Kolonialwaaren, Weinen und Tabak. Die Beurt- und Rangfahrt von Düsseldorf nach Amsterdam und Rotterdam wird von zehn, und die nach Köln von fünf Schiffern betrieben. Von den Fahrzeugen haben sechs eine Ladungsfähigkeit von 2000 bis 3000 Ctr., vier bis 4000 Ctr. und eines von 5000 Ctr.

Auch hat Düsseldorf einen Frei- und einen Sicherheitshafen. Der Freihafen erstreckt sich vom Krahnen bis zur Mündung der Düssel beim alten Schlosse; was hier ein- und ausgeladen wird, ist zollfrei. Der Sicherheitshafen hingegen befindet sich zwischen dem Eiskeller und den neuen Anlagen des Hofgartens; er kann fünfzig Schiffe aufnehmen.

Zu den Beförderungsmitteln des Handels gehören auch

die Kunststraßen, welche in verschiedener Richtung von Düsseldorf auslaufen, als: 1) die Straße über Mettmann, Elberfeld, Barmen u. s. w. ins nördliche Deutschland; 2) die Straße über Benrath, Langenfeld und Mühlheim nach Deutz; 3) die Straße nach Derendorf, wo sie sich in zwei Arme theilt, von welchen der östliche über Ratingen, Kettwig und Mühlheim an die Ruhr nach Münster, der westliche aber über Kaiserswerth, Duisburg und Wesel nach Holland führt; 4) die Straße, welche jenseits des Rheins, von der Düsseldorfer fliegenden Brücke über Kloster-Meer theils nach Krefeld, theils nach Kleve und Holland zieht; 5) die Straße durch die Neustadt nach Volmerswerth zur Rheinfähre, wo sie jenseits des Rheins auf die von Neuß nach Köln leitende Chaussee, und von dieser nach Aachen führt.

Ein beträchtlicher Nahrungszweig der Bewohner Düsseldorfs ist ferner der Feld- und Gartenbau. Besonders wird eine große Menge von Blumen- und Weißkohl gezogen, und der letztere liefert oft Köpfe von achtzehn bis vierundzwanzig Pfund. Eine hier sehr beliebte Frucht, die gleichfalls in Menge gebaut wird, sind auch die dicken, sogenannten Saubohnen, welche sich durch ihre Größe sowohl, als durch ihren guten Geschmack auszeichnen. An Obst hat dagegen Düsseldorf Mangel, und der Bedarf muß größtentheils aus dem Oberlande bezogen werden.

Von den öffentlichen Lehranstalten Düsseldorfs verdient zuerst das Gymnasium genannt zu werden, in welchem griechische und lateinische Sprache und Litteratur, deutsche Sprache und Litteratur, französische Sprache, Philosophie, Mathematik, Physik, Geographie, Geschichte, Zeichnen und Musik gelehrt wird. Professoren sind hier zwölf, und Schüler zählt man gewöhnlich gegen 160.

Die andern Unterrichtsanstalten dieser Stadt sind: 1) sechs öffentliche Elementarschulen, nämlich vier katholische, eine lutherische und eine reformirte. Sie werden von ohngefähr 600 Knaben und 400 Mädchen besucht. 2) Zehn von der Armenverwaltung gestiftete Elementarschulen, in welchen sich im Jahr 1817 die Zahl der Schüler auf 351, und die der Schülerinnen auf 347 belief. 3) Sechs weibliche Erziehungsinstitute, welche im Jahr 1817 319 Zöglinge enthielten, wovon die Ursuliner-Nonnen allein 145 hatten. 4) Drei Handlungs-Lehrinstitute, wovon in dem oft gedachten Jahr das Wetschkische 25, das Könighausensche 18, und das Seibertsche 8 Zöglinge hatte. 5) Ein medicinisch-chirurgisches Lehrinstitut zur Bildung von Wundärzten und Hebammen. 6) Eine Kunst- und Zeichen-Akademie, welche den berühmten Freskomaler Cornelius zum Direktor, und außerdem noch zwei andere Professoren hat. Im Jahr 1818 zählte man hier 154 Schüler. 7) Zwei Musikinstitute, von welchen im genannten Jahr das Burgmüllersche 40, und das Mungersdorfische 20 Zöglinge hatte.

Sammlungen für Wissenschaft und Kunst besitzt Düsseldorf nachstehende:
1. Die öffentliche Landes-Bibliothek, welche 30,000 Bände enthält, worunter auch viele Seltenheiten sind. Sie hat ihre Entstehung dem Kurfürsten Karl Theodor zu verdanken, der sie im Jahr 1770 stiftete.

2. Die Bildergallerie, welche bekanntlich eine der reichsten an Gemälden aus der niederländischen Schule war, aber nach der Abtretung des Herzogthums Berg an Frankreich, nach München gebracht wurde. Jetzt enthält sie blos die fünfundsechzig Bilder und 263 Skizzen in Oel und Lein-

wand und Papier, welche der verstorbene Direktor Krahe gesammelt hat. Außerdem sind hier auch 14241 Original-Zeichnungen und Skizzen, 23445 Kupferstiche und 155 Kupferplatten, welche der gedachte Krahe den Bergischen Landständen für 30000 Rthlr. verkauft hat.

3. Die Antiken-Sammlung in Gypsabgüssen, welche durch die Vereinigung mehrerer dergleichen Sammlungen entstanden ist, wozu schon unter der Regierung des Kurfürsten Johann Wilhelm der Anfang gemacht wurde. Sie enthält die vorzüglichsten Statuen, Büsten und andere Werke des Alterthums, namentlich vier Gruppen, sechsundzwanzig Statuen, siebenundsechzig Büsten, fünf Basreliefs, vierundzwanzig Glieder und zwei Anatomien. Auch findet sich hier ein Theil der Daktyliothek von Lippert und viele andere Sachen in Schwefel und Gyps.

4. Die Sternwarte in dem ehemaligen Jesuiten-Kollegium.

5. Das Kabinet mathematischer und physikalischer Instrumente in demselben Gebäude. Es ist von Karl Theodor im Jahr 1789 gestiftet worden, und enthält alle zur Erläuterungen der Physik nöthigen Werkzeuge und Maschinen. Der Verfertiger derselben war der Mechanikus Brender in Augsburg.

6. Die Sammlung von Naturalien und Alterthümern des Herrn Beuth in der Friedrichsstraße. Das Naturalienkabinet enthält: a) eine beträchtliche Menge von ausgestopften Thieren, und ohngefähr 350 in Weingeist aufbewahrte Geschöpfe, so wie eine Konchylien-Sammlung von mehr als 3000 Stücken;

b) ein aus fünf großen Imperial-Folio-Bänden bestehendes Herbarium vivum, und außerdem eine ansehnliche Sammlung von ausländischen Früchten, Saamen, Hölzern, Wurzeln u. dgl. c) eine beträchtliche Mineraliensammlung, welche drei Säle füllt. Das Kunstkabinet dagegen begreift: a) eine Sammlung von ohngefähr 8000 Stück Münzen; b) eine Sammlung von Gemälden, Kupferstichen, Zeichnungen u. dgl., welche in zwei Sälen und mehreren Zimmern aufgestellt ist; c) eine Sammlung verschiedener Alterthümer, als: Urnen, Vasen, Lampen, Krüge, Thränengläser u.s.w.

7. Die Sammlung von Kupferstichen, Portraiten, Landschaften, Zeichnungen u. dgl. des Hrn. geheimen Obermedicinalraths Abel in der Breitenstraße. Sie enthält bei 8000 Kupferstichen, welche in 36 Portefeuillen aufbewahrt sind, und worunter sich besonders ein Portefeuille von Marko Antonio nach Raphael, eine beträchtliche Sammlung nach Nic. Poussin, eine dergleichen nach Rubens von alten Meistern, und viele Kupferstiche und Holzschnitte von Alb. Dürer befinden. Auch findet sich hier eine ansehnliche Sammlung von Portraiten, welche von französischen Kupferstechern des siebenzehnten Jahrhunderts, wie eines Edelink, Masson, Drevet u. s. w. gestochen sind. Außerdem sind hier noch Landschaften von alten Meistern, und Original-Zeichnungen aus der italienischen Schule.

Buch- und Musikalienhandlungen zählt man in Düsseldorf sieben, Buchdruckereien fünf und Kupferdruckereien zwei. Auch befindet sich hier eine lithographische Anstalt.

Zur Unterstützung und Versorgung der Armen besteht in Düsseldorf zuerst eine allgemeine Armenverwaltung. Von dieser werden verpflegt: 1) Hausarme, welche wöchentlich nach Beschaffenheit der Lage 14 Stüber bis 1 Thlr. 3 Stüber erhalten. 2) Verschämte Arme, durch baare verhältnißmäßige Vorschüsse zur Fortsetzung und Aufrechthaltung ihrer Gewerbe. 3) Kranke, durch unentgeldliche ärztliche Behandlung, Unterhaltung und Verpflegung. 4) Greise, welche wegen Altersschwäche und Arbeitsunfähigkeit sich nicht ernähren können. 5) Geschwächte, welche bei gänzlicher Unvermögenheit zu rechtlichen Frauen gegeben werden. 6) Waisenkinder, durch die Erziehung bei Pflege-Eltern aus dem unbemittelten aber rechtlichen Bürgerstande. 7) Die Kinder armer Eltern durch freien Schulunterricht in den Armenschulen. 8) Arbeitslose Personen durch Weben, Stricken, Wollzupfen, Spinnen u. s. w. gegen eine bestimmte Vergütung aus dem Armen-Arbeitshause. Im Jahr 1817 betrug die Einnahme dieser Armenanstalt 32692 Thlr. 46 Stüber.

Die andern milden Stiftungen Düsseldorfs sind: 1) Das Max-Joseph-Krankenhaus in der Neustadt, welches im Jahr 1800 errichtet wurde. 2) das St. Huberts-Hospital in der Neustadt, welches schon im vierzehnten Jahrhundert gestiftet worden ist, und Anfangs den Namen Gasthaus zum heiligen Geist führte. Den gegenwärtigen Namen erhielt es von dem Herzog Gerhard, als er den St. Huberts-Orden errichtete. Jeder neu ernannte Ritter dieses Ordens mußte den Statuten gemäß an das St. Huberts-Hospital vier Goldgulden zahlen. Durch dieses bis zum Jahr 1770 befolgte Gesetz, so wie durch mehrere Schenkungen der spätern Landesherrn, und durch Vermächtnisse von Privatpersonen, ist der Fond dieses Hospitals so bedeutend vermehrt worden, daß bis zur Abtretung des linken Rheinufers an Frankreich bei hundert Personen darin unterhalten wurden. Da aber durch diese und andere Ereignisse das

Hospital zwei Drittheile seiner Einkünfte verlohr, so können jetzt nur noch sechsunddreißig Personen darin unterhalten werden, weil die Einkünfte, welche in Pachten, Zinsen und Renten bestehen, jährlich nicht mehr als 2880 Rthlr. betragen. 3) Die Krankenanstalt für venerische Frauenzimmer auf der neuen Halle, die im Jahr 1816 gestiftet wurde. 4) Das Irrenhaus in der Neustadt, im Lokale des Max-Joseph-Krankenhauses, welches im Jahr 1817 zehn männliche und acht weibliche Wahnsinnige enthielt.

5) Das Alt-Männerhaus und das Alt-Frauenhaus, wo die Pfleglinge außer Wohnung, Arznei und Bekleidung, auch wöchentlich 1 Thlr. 10 Stbr. erhalten.

Von wissenschaftlichen Vereinen besitzt Düsseldorf eine Gesellschaft zur Beförderung der Künste und Gewerbe, von welcher der preußische Staatskanzler, Fürst Hardenberg, Protektor ist. Sie hat drei Obervorsteher, einen Säckelmeister und zwei Sekretäre, und besteht aus sechs Sektionen, als: 1) für Botanik und Landwirthschaft, 2) für Physik und Chemie, 3) für Mechanik, 4) für schöne Künste und Hauswirthschaft, 5) für Handel und Gewerbe, und 6) für vermischte Gegenstände. Andere Gesellschaftsvereine in Düsseldorf sind: a) die Musik-Akademie und Concert-Gesellschaft; b) die Lesegesellschaft bei Herrn Breitenstein; c) das Parlament, oder die Ressource der Kaufleute; d) die Freimaurer-Loge zu den drei Verbündeten; e) die Lesekabinette von Zeitungen und Zeitschriften in den Kaffeehäusern der Herren Lacomblet und Gianella auf dem alten Markte.

Zu den besten Gasthöfen, deren es in Düsseldorf bei zwanzig giebt, gehören: der Zweibrücker-Hof in der Bolkerstraße; bei Breidenbach in der Friedrichsstraße; der goldene Anker auf dem Burgplatz; der römische Kaiser in der Benrathertraße;

die drei Reichskronen auf dem alten Markt; der Bönnische-Hof in der Hafenstraße.

Spaziergänge und andere Vergnügungsorte hat Düsseldorf mehrere. Der schönste und besuchteste Spaziergang ist der Hofgarten, welcher aus drei verschiedenen, aber miteinander verbundenen Anlagen besteht, als dem eigentlichen, von dem Grafen Goldstein angelegten Hofgarten, dem botanischen Garten und den neuen Anlagen. Die letzteren rühren von dem Kunstgärtner, Herrn Weyhe her, und sind sehr geschmackvoll. Am Ende des Hofgartens liegt der sogenannte Jägerhof, ein Lustschloß, welches jetzt von dem Prinzen Friedrich von Preußen, Neffen des Königs von Preußen, bewohnt wird. Andere Spaziergänge und Vergnügungsorte sind: 1) Das Kaffeehaus der Wittwe Hilgers in der sogenannten Hofgärtnerei. 2) Die Allee, oder neue Promenade, an der Friedrichsstraße. 3) Die Allee am Kanal, jenseits der neuen Benrather-Brücke. 4) Die Allee vor dem Bergerthor, nach der Neustadt zu. 5) Jansens Garten auf dem Flinger-Steinwege, mit einem schönen Tanzsaale. 6) Schultens Garten, gleichfalls auf dem Flinger-Steinwege gelegen, mit dem schönen Sommer-Concertsaale. 7) Die Wilhelmsburg bei Raaben ebenfalls daselbst, mit einem schönen Tanzsaale.

Zu den entfernteren Spaziergängen und Vergnügungsorten der Düsseldorfer gehören: 1) Das eine halbe Stunde von der Stadt entfernte Dorf Nieder-Bilck, wo am meisten der Kaffeegarten des Herrn Joseph Hilgers besucht wird. Auf dem Wege dahin ist die Kapelle sehenswerth, welche im Jahr 1686 von dem Kurfürsten Johann Wilhelm und dessen Gemahlin, Maria Anna Josepha, Erzherzogin von Oesterreich, erbaut wurde… 2) Das Schloß Roland, welches sich unweit Derendorf befindet. Letzteres, das 940 Einwohner zählt und nur eine halbe

Stunde von Düsseldorf liegt, ist ein sehr lebhafter und nahrhafter Ort, und hat mehrere Gasthäuser mit angenehmen Gärten. 3) Das eine Viertelstunde von der Stadt gelegene Pempelfort, ein großes wohlgebautes Dorf von 1490 Einwohnern, wo sich mehrere schöne Gärten und Villen befinden. Hinter Pempelfort liegt das ehemalige Trappistenkloster Düsselthal. 4) Der eine Stunde von der Stadt entfernte Grafenberg, wohin die nach Elberfeld ziehende Chaussee führt. Man hat hier eine herrliche Aussicht nach Köln und dem Siebengebirge. Auch nach dem zwei Stunden von Düsseldorf entfernten Schloß Benrath, so wie nach der fünf Viertelstunden entlegenen Stadt Neuß werden öfters Lustwandlungen unternommen.

Wöchentlich geht ein Marktschiff von Düsseldorf nach Köln, und das Beurthschiff nach Dortrecht und Amsterdam. Zur Verbindung mit dem jenseitigen Rheinufer besteht eine fliegende Brücke.

Übrigens ist Düsseldorf der Sitz der Regierung für das Düsseldorfer Departement, die aus einem Personale von beinahe hundert Köpfen besteht; des Landgerichts für dasselbe Departement; eines Ober-Postamtes; eines Münzamtes; eines Militär-Bekleidungs-Depots, u.s.w.

TASCHENBUCH FÜR REISENDE
(1818)

Der vielen Krümmungen des Stroms wegen erfordert …die
Wasserreise von Köln bis Düsseldorf fünfzehn und mehrere
Stunden, während man den Landweg bequem in 7 Stunden
zurück legen kann. Inzwischen hat auch hier noch die Fahrt
auf dem Rhein ihr Angenehmes. Die Landschaften haben
meist den Charakter von Tenier's und Waterloo's lieblichen
Bildern. Kirchthürme, Windmühlen, Dörfer und Meyereyen
heben sich aus Gebüschen hervor, und arbeitende Landleute
und Hirten machen die Staffage.

Die erste bemerkte Serpentine des Rheins gegen Benrath
wird unter die gefährlichsten am ganzen Rheinstrome gezählt,
weil sie wegen der Eisstopfungen, die sich in ihrem Bug ergeben, als Hauptursache der hohen Ueberschwemmungen angesehen werden muß, welche in der letzten Zeit so häufig in
dieser Stromstrecke statt gefunden, und die forthin noch zu-
nehmen müssen, indem sich der Bug der Krümmung noth-
wendig immer mehr zuspitzt.

In den Winkel dieser Krümmung schmiegen sich die Dörfer Ober- und Niederkassel mit einer schönen Aussicht. Zur
Linken, auf dem erhöhten Ufer, erscheint das malerische Stur-
zelberg mit seinen Strohhütten. Rechts liegt ein Edelhof Mi-
ckeln genannt, wo die Roel mit dem Rheine sich mischt, und
nahe dabey das Dorf Itter.

Eine halbe Stunde landeinwärts, rechts, nahe bey Urden-
bach, in einer stillen, einsamen Gegend, ragen Dorf und
Schloß Benrath hervor, von Gebüschen, Feldern und Wiesen

umgeben. Dieses Schloß wurde vom Kurfürsten Karl Theodor, zum Wittwensitze seiner Gemahlin, in einem gefälligen Styl erbaut. Von der Kuppel hat man eine schöne Aussicht nach dem Rhein und ins Land der Berge. Einige Deckenstücke von Krahe und der Schloßgarten sind sehenswerth.

Eine kleine Stunde rheinabwärts von Benrath zeigt sich, rechts, Himmelsgeist, ein schönes Bergisches Dorf in einer angenehmen Gegend, und links Uedesheim.

Bey Grimmlinghausen, hinter welchem sich der anmuthige Falkenwald oder Herderbusch hinzieht, wendet sich der Strom wieder rechts, nach Vollmerswerth und dem Dörfchen Hamm, wo im dreißigjährigen Krieg eine Schanze war. Das ehemalige Dörfchen Auf dem Stein hat sich in das Dorf Hamm verloren, und nur das Zollamt heißt noch: Zoll zu Steinen. Die abermalige Serpentine, welche der Rhein hier bildet, erscheint dem Herrn von Wiebeking eben so gefährlich, als jene bey Benrath. In Grimmlinghausen wird einiges Tuch und Flanell fabrizirt, und der Ort hat dadurch einige Merkwürdigkeiten bekommen, daß der große Kanal, welcher den Rhein mit der Maas und diese mit der Scheide in Verbindung zu setzen bestimmt war, hier seine Einmündung in den Rhein erhalten sollte. Die Arbeiten an diesem Kanal waren bereits weit gediehen, und schon der Kosten darauf verwendet worden, als die Fortsetzung unterblieb.

Eine halbe Stunde von Grimmlinghausen liegt rechts das Dorf Hamm, links, eine gute Viertelstunde vom Ufer, das kleine, aber für den Rheinhandel nicht unbedeutende Städtchen Neuß, Novesium oder nova castra von den Römern genannt, und wahrscheinlich vom Drusus erbaut, der hier eine Brücke über den Rhein schlug. Tacitus gedenkt dieses Orts, der damals (und selbst noch im J. 1254) am Rhein lag, jetzt aber eine halbe Stunde davon entfernt ist … Eine halbe Stunde von Neuß abwärts sieht man, zur Rechten, das vom Ufer abliegende Dorf Billich mit der dabey stehenden Marienkapelle, welche die Kurfürstin Maria Anna Luisa aus dem Hause Medicis erbaute. Bey dem Dörfchen Hamm neigt sich der Strom rechts, und vor sich hat man Düsseldorf, mit seinem voranstehenden, zerstörten Schlosse.

Düsseldorf, die Hauptstadt des Herzogthums Berg und Sitz einer preußischen Regierung und eines Oberlandesgerichts, breitet sich auf einer schönen Ebene am Rheine aus, und wird an der Südseite von der Düssel bespült, die auch der Stadt den Namen gegeben. Unter dem Schlosse vereinigt sich dieser Bach mit dem Rhein. Bis zum Frieden von Lüneville (1801) war Düsseldorf eine Festung. Durch das französische Bombardement wurde das Schloß und ein großer Theil der ansehnlichsten Gebäude in einen Schutthaufen verwandelt.

Die Stadt ist eine der schönsten am Rheine; die Straßen sind zum Theil regelmäßig angelegt, und die Häuser durchaus von gebrannten Steinen gebaut …

Mehrere Zweige der Industrie sind hier im Aufblühen. Düsseldorf besitzt gegenwärtig schon bedeutende Seide- und Baumwollspinnereyen, Spiegelfabriken, Essig- und Seifensiedereyen und Tabaksfabriken. Die dem Vater unsrer beyden Jakobi gehörige Zuckerraffinerie ging zu Grunde, wie man glaubt, nicht ohne Zuthun der Holländer. In der Armen-Versorgungs-Anstalt werden Strümpfe, Fußteppiche und andere Wollenzeuge gemacht.

Düsseldorf ist zugleich ein wichtiger Platz für den Rheinhandel, und sein Hafen ist einer der besuchtesten am Flusse. Unter den über Düsseldorf auf den Rhein kommenden Bergischen Fabrikaten und Manufakturwaaren sind besonders zu bemerken: 1. Aus den Fabriken zu Elberfeld, Barmen und der Gemark: Siameisen, gemalte Baumwollenzeuge und andere Baumwollenwaaren; leinene Bandwaaren, Floretseide u. dgl. 2. Aus den Fabriken zu Velbert, Remscheid, Kronenberg und Sohlingen: Eisen- und Stahlwaaren. Sehr viel Kalk kommt aus der Gegend von Ratingen.

Von Neuß werden viele Kornfrüchte nach Düsseldorf eingeführt, und von da weiter versendet. Auch der Zwischenhandel mit Wein, der zu Wasser von Köln und Mühlheim, zu Land gleichfalls von Mühlheim und von Zündorf kommt, ist nicht unbedeutend.

Düsseldorf hat eine Beurt- und Rangfahrt nach Holland und dem Clevischen, welche ausschließlich von neun Schiffern betrieben wird, so, daß fünf davon die Transporte nach Amsterdam, und die vier andern die Transporte nach Dort und zurück besorgen. In der Rückfahrt bringen diese Beurtschiffer viele holländische Waaren für Uerdingen mit. – Gasthöfe: 1. Bey Breitenbach; 2. zum goldenen Anker; 3. der Zweibrücker Hof; 4. der römische Kaiser; 5. die drey Reichskronen.

An Spaziergängen und Vergnügungsorten sind zu bemerken: Der Hofgarten, welcher dem Grafen von Goldstein seine Entstehung verdankt. Er hatte im Kriege sehr gelitten, ist jetzt aber wieder hergestellt und sogar vergrößert. Die geschmackvollen Anlagen rühren von dem Kunstgärtner, Herrn Weyhe her. Die Alleestraße oder Friedrichsstraße; die Allee am Kanal, jenseits der neuen Benrather Brücke; die Allee vor dem Berger Thore, nach der Neustadt; das Kaffeehaus der Wittwe Hilgers im Hofgartenhause; Jansens Garten auf dem Flingersteinwege, mit dem schönen Tanzsaale; Schultens Garten daselbst, mit dem schönen Sommer-Concertsaale; Wilhelmsburg bey Raabe daselbst, mit einem Tanzsaale; der Turnplatz in den neuen

Anlagen; der Grafenberg mit seiner trefflichen Aussicht nach Köln und dem Siebengebirge; Schloß Roland unweit Derendorf; der Kaffeegarten des Herrn Joseph Hilgers zu Bilk; etwas weiter entfernt Benrath. – Gesellschaftsvereine sind: Die Gesellschaft zur Beförderung der Künste und Gewerbe; die Freimaurerloge zu den 3 Verbündeten, deren Obervorsteher Herr Appellationsrath Lenzen ist; die Musik-Akademie und Concert-Gesellschaft; das Parlament oder die Ressource der Kaufleute; die Lesegesellschaft bey Hrn. Breitenstein. Ferner ist hier während des Winters das Theater der Madame Carol.

Müller; es wird dreymal wöchentlich darauf gespielt. – Kaffeehäuser: Hr. Lacomblet, hält zugleich ein Lesekabinett von allen Zeitungen und Zeitschriften; Herr Gianella, italienisches Kaffeehaus, hält ebenfalls Zeitungen und Zeitschriften; Frau Rader, deutsches Kaffeehaus.

Pempelfort, wo ehedem eine Schanze war und das aufgehobene Kloster der Trappisten sind in der Nähe von Düsseldorf.

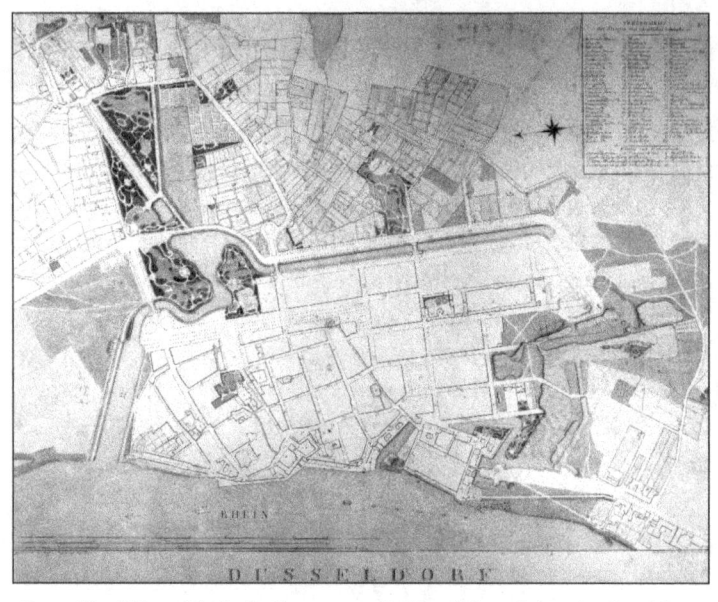

Düsseldorf, Verzeichnis der Strassen und öffentlichen Gebäude. Gezeichnet von Guffroi Ingenieur Capitain, gestochen von W. Breitenstein, 1809.

DIE SCHÖNEN DÜSSELDORFERINNEN
(1824)

Hoch klopfte mir das Herz, als ich Düsseldorf im Schimmer der
Abendsonne vor mir liegen sah. Wie lange hatte ich in ver-
schloßner Brust den Wunsch gehegt, die herrlichen Rheinländer
bereisen zu können; Jahrelang zog mich eine unüberwindliche
Sehnsucht nach diesen gepriesenen Gegenden hin, doch immer
stellten sich der Befriedigung dieses Verlangens Hindernisse in
den Weg; mein Schicksal trieb mich in die grauenvollen Wälder
Sarmatiens und des kalten Nordens sandigte Wüsten; und nun,
nachdem ich längst Verzicht auf diese Freude geleistet hatte, stehe ich am Ziel.

Aber ich werde manches Herrliche nicht mehr finden, das
einst die Gestade des Rheines berühmt machte; denn wie vieler
Zierden sind die Städte beraubt, deren Mauern der alte vater-
ländische Strom bespühlt: vier Sizze mächtiger Fürsten stehen
verödet, und dort, wo einst die bewunderten Meisterstükke
der Kunst aufgestellt waren, blikt die Zerstörung schauerlich
aus den Ruinen! Aus der Ferne nehmen sich die Mauern des
verwüsteten Residenzschlosses prachtvoll aus, doch in der Nähe macht das zertrümmerte Gebäude einen traurigen Ein-
druk. Ich freuete mich kindisch, als ich zum erstenmal an dem
Ufer des noch ungetheilten, mächtigen Rheines stand, der hier
vielleicht seine größte Breite hat. Ich hätte mich hinein stürzen
mögen, in die klaren, silbernen Fluthen, so angenehm wurde
ich von dem Anblik dieses majestätischen Gewässers ergriffen.
Um mich länger an der großen Ansicht, die der Strom und die
prächtige Stadt von dieser Seite aus gewähren, laben zu kön-

nen, verschmähte ich es, mich durch die fliegende Brükke übersezzen zu lassen: ich schikte den Wagen mit meinem Gepäkke voraus, und miethete einen Kahn, mit dem ich mich eine Strekke Stromaufwärts, und denn nach der Stadt fahren ließ. Als ich gelandet war, frug ich nach dem Hofe von Zweibrükken, wohin ich meine Sachen hatte vorausgehen lassen, und ein freundlicher Bursche, von etwa dreizehn Jahren, übernahm es gegen ein Trinkgeld mich dahin zu führen. Unterwegs bot er sich mir zum Wegweiser an, wenn ich ein Schäferstündchen feiern wollte. Schon wieder! Haben nicht die lasterhaften Franzosen den Kindern diesen empörenden Erwerbzweig eröffnet? Ich suchte dem Knaben das Entehrende eines solchen Geschäfts begreiflich zu machen, doch der Bube lachte mir ins Gesicht und meinte: so etwas müßte auch seyn, und thäte er es nicht, so fänden sich andre Wegweiser, auch ohne ihn. Welche Frechheit in diesem jugendlichen Alter!

Düsseldorf ist eine freundliche, schöne Stadt, in der ich wohl wohnen möchte, wenn ich eine Bestimmung darin hätte. Ohne gerade ausgezeichnet prächtig zu seyn, hat sie eine gute Bauart, die reinlichen Straßen wimmeln von wohlgekleideten, lebensfrohen Menschen; kein schmuzziger bettelnder Pöbel belästiget den Fremden, und überall, wohin man blikt, wird man Spuren von Wohlhabenheit und Lebensmuth gewahr. Neue geschmakvolle Häuser werden gebauet, Kunststraßen angelegt, das Straßenpflaster gebessert, Bäume gepflanzt und alles, was man hier siehet, deutet auf die erfreuliche, in den gegenwärtigen Zeiten so seltene Erscheinung, eines wachsenden Wohlstandes. Dieses läßt sich nur durch den vergrößerten Handel, der eine Folge der Erweiterung der Fabriken des Landes seyn muß, erklären, denn sonst müßte, nachdem die Bildergallerie, die so viele Fremden hieher zog, nach München gekommen ist, und nachdem so viele reiche adliche Familien, die zum ehemaligen Hofstaat gehörten, die Stadt verlassen haben, das Gegentheil erfolgt seyn. Bei allem dem ist hier ein so großer Mangel an baarem Gelde, daß ich in verschiedenen Läden, wo ich einige mir nothwendige Kleinigkeiten einkaufen wollte, ein Goldstük nicht ausgewechselt erhalten konnte. Man versichert aber, daß der Geldmangel nur augenblicklich und eine Folge des Provisoriums sey, welcher alles baare Geld aus dem Lande ziehe. Daß übrigens die Landeskasse in guten Umständen seyn müsse, beweiset die kostspielige Erweiterung und Verschönerung der öffentlichen Spaziergänge, die gegenwärtig die Landstände bewirken lassen. Wo man in jezzigen Zeiten dergleichen Arbeiten unternehmen kann, da muß man gegen die Noth ziemlich sicher seyn; man rühmet aber auch wirklich die Finanzen dieser Provinz als blühend.

Die Stadt hat mehrere schöne Straßen und einige ansehnliche öffentliche Pläzze, unter denen sich der Markt neben dem Schloß, durch seine Regelmäßigkeit und durch viele prachtvolle Häuser auszeichnet. Eine große Zierde dieses Plazzes ist eine Statue des Kurfürsten Johann Wilhelm, von Bronze, zu Pferde, auf einem Fußgestelle von grauem Marmor stehend. Sie ist von dem Ritter Crepello verfertigt, und dürfte an Kunstwerth der Bildsäule des großen Kurfürsten auf der langen Brükke in Berlin wenig nachstehen. Was ich daran tadelnswerth finde, ist, daß ihr die Haltung durch den Schweif des Pferdes gegeben worden ist, wodurch dieser eine unverhältnismäßige Größe erhalten hat.

Das hiesige Frauenzimmer verdient den Namen des schönen Geschlechts mit vollem Rechte. Ich habe seit langer Zeit nicht so viele edelgeformte weibliche Figuren, die sämmtlich eine blühende Gesichtsfarbe haben, gesehen wie hier. Ich glaubte mich in den Garten des sächsischen Pallastes nach Warschau versezt, als ich zum erstenmal in dem Hofgarten lustwandelte, so überraschten mich die edle Haltung, die feine frische Wangenröthe und die geschmakvolle Kleidung der Düsseldorferinnen. Die hier stehenden bergischen Soldaten zeichnen sich ebenfalls durch ihre männliche Schönheit aus, und ich glaube sie würden kaum gegen die prächtigen preußischen Garden zurükstehen. Es ist eine wahre Augenweide ein Regiment dieser sämmtlich jungen kraftvollen Leute zu sehen, deren militärische Haltung jeden Soldatenfreund erfreuen muß. Sicher gehören sie zu den schönsten deutschen Truppen.

Der Hofgarten, der einst weit größer gewesen seyn soll, hat ohne sehr gekünstelt zu seyn, viele angenehme und schattigte Parthien. Er ist der Sammelplaz der hiesigen feinen Welt, die sich darin zu allen Tageszeiten sehr zahlreich einfindet. In seiner Nähe sind mehrere Gasthäuser, in denen es beständig von Besuchenden und Genießenden wimmelt.

Ueberhaupt scheinen mir die Düsseldorfer ein lustiges Völkchen zu seyn, das sich ausnehmend auf den Lebensgenuß versteht, und keiner Sorge in seinem Herzen Raum giebet; ich habe kaum je so viele Menschen mit dem Ausdrukke des herzlichsten Frohsinns in den Gesichtern gesehen, wie hier. Ohnfern des Hofgartens ist auch ein botanischer Garten, der aber noch zur Zeit nicht viel Erhebliches aufzuweisen hat. Daß das Publikum so ohne alle Aufsicht zu allen Tageszeiten darin herumgehen darf, ist ein erfreuliches Zeichen seiner Bildung; an vielen Orten würde eine solche Freiheit die Vernichtung der Anlagen nach sich ziehen.

Ein kleines, aber nicht schlecht eingerichtetes Theater befindet sich hieselbst in dem einen Flügel des Schlosses. Ich fand es immer stark besucht, es wurden aber während der Zeit meines Aufenthalts bis jezt nur immer Opern gegeben, die man hier ausschweifend lieben soll, daher ich über die Darstellungen der Schauspieler nicht füglich urtheilen kann. Das Orchester ist nicht stark, aber gut besezt, und Herr Günther und Madame Müller haben sich, so oft ich sie gehört habe, als brave Sänger bewährt.

Verschiedene adlige Gutsbesizzer und Fabrikherren aus der umliegenden Gegend, die ich an der Gasttafel und im Klub habe kennen lernen, bringen mir durch ihre Unterhaltung und durch die feine Haltung ihres Benehmens die vorteilhaftesten Begriffe von dem Bildungsgrade der Bewohner dieser Landschaft bei. Ein sich hier seit mehreren Jahren aufhaltender Sachse, der seiner Geschäfte und Verbindungen wegen Zutritt in den ersten Häusern der Provinz hat, und zufällig mein Tischnachbar ist, theilet meine Ansicht darüber, klaget aber über den ungemeßnen Ahnenstolz des Adels und über die Anglomanie der Fabrikbesizzer. Der Adel besitzt in dem Herzogthum Berg Vorrechte, wie vielleicht in keinem andern deutschen Lande, und diese sind es, die ihn über die andern Stände erheben, und einen Kastengeist in ihm unterhalten, den seine Geschliffenheit zwar zu verbergen weiß, der sich aber doch sehr oft in seinen Handlungen äußern soll. Wie man sagt, hofft dieser Stand alle seine Privilegien, die er ehmals unter kurpfälzischer Regierung besessen hat, unter preussischer Hoheit erhalten zu sehen; und aus dieser Rüksicht siehet er die Einverleibung seines Vaterlandes mit Preussen sehr gern. Indessen dürfte diese Hoffnung wohl so ganz nicht in Erfüllung gehen, da eine solche Bevorrechtung dem Zeitgeiste widerstrebend, und mit der nöthigen Einheit des Staates unvereinbar ist. Die Fabrikanten sind, dem größten Theile nach, sehr reich, daher denn wohl einiger Geldstolz natürlich ist. Ihnen ist in der Freiheit der Schiffahrt ein neuer Stern aufgegangen, und da die preussische Regierung dafür bekannt ist, daß sie den Kunstfleiß befördert, so erwarten die Fabrikbesizzer viel Gutes von der neuen Herrschaft.

DÜSSELDORF
(1828)

Düsseldorf an der Düssel, dessen 1794 zerstörtes Schloß sich zuerst sehen läßt, ist eine der schönsten Rheinstädte; gerade Straßen, massive Gebäude und auf dem schönen Markt die Reuterstatue Kurfürsts Johanns Wilhelms, der viel für die Stadt gethan hat; Crepello suchte dem Ganzen Haltung zu geben durch den Schweif des Pferdes, und so ist dann dieser ein bischen allzustark gerathen; die schönste Straße, die Allee, heißt jetzt Friedrichsstraße. Düsseldorf ist wichtig für den Rheinhandel, die meisten Fabrikate der fleißigen Berger werden hieher gebracht, aber die Gemälde-Gallerie ist nicht mehr, die dem Reisenden gleichsam ein Ersatz schien für den Verlust der schönen Rheinlandschaften die er seit Bonn vermißte, und Heinse zu seinem Ardinghello begeisterte. Es ist nur noch eine Himmelfahrt Mariä von Rubens da, die wegen ihrer ungeheuren Größe nicht wohl fortzubringen war, jedoch auch Handzeichnungen, Kupferstiche und Gyps-Abgüsse für die Zeichnen-Academie und auch eine Münze. Das heillose Trappisten-Kloster in der Nähe hat sich in eine Dosenfabrik verwandelt – aber Pempelfort ist leer – die Gebrüder Jacobi sind nicht mehr! der Philosoph, der hier seine Woldemar und Allwill schrieb, wie der Dichter mehrere seiner gelungensten Gedichte. F. H. Jacobi war ein Muster für deutsche Gelehrte, die solche Muster wohl brauchen können – ein Deutscher in gründlicher Gelehrsamkeit, und ein Franzose im Umgang – der liebenswürdigste Weltmann – und sein Bruder stiftete im Scherze einen Orden, den ich über die ganze Erde verbreitet wünschte – den Orden der einfachen Dose von Horn mit dem Namen Lorenzo. Wer kennet nicht aus Sterne den Pater Lorenzo, und wer sollte nicht wünschen seine Tugend der Sanftmuth, Versöhnlichkeit, Mildthätigkeit und Ergebung in das Schiksal verbreitet zu sehen! Goldene Dosen habe ich genug gesehen, die Horndose des Lorenzo nur zu Pempelfort!

Das heitere Düsseldorf gefällt doppelt, wenn man von dem finstern Cöln herkommt mit seinen gebildeten, thätigen Einwohnern im Wohlstande: im Hofgarten stieß ich auf aufrecht freundliche Gesichtchen; die Stadt mag immer 20,000 Seelen zählen. Der Rhein hat zwar keine schöne Ufer mehr, aber die Gegend ist doch ein wahrer Obst- und Gemüße-Garten. Von Düsseldorf nach Elberfeld (sechs Stunden) liegt seitwärts Mettmann, die Neanders-Höhle, die keine Höhle, sondern ein allerliebstes Felsenthälchen ist, wo die Düssel über Felsen hinwegrauschend einen artigen Wasserfall bildet. Es sind mehrere Höhlen, mehr über als unter der Erde …

HEUT IST KIRMES
(1834)

Freilich ist es ein nettes konzentriertes Leben hier – doch nicht so sehr, wie Sie vielleicht denken mögen. Denn leider gehen gerade seit meinem Aufenthalte Immermann und Schadow, durch deren Zusammenhalten erst recht viel Leben hierher kam, unaufhaltsam auseinander – durch religiöse, politische, wortwechslerische, mißverständliche, übelnehmerische Verhältnisse immer mehr gereizt. Da ich nun bei Schadow im Haus wohne und mit lmmermann das neue städtische Theater zu ordenen habe, so gebe ich mir alle Mühe zu leimen; es geht aber nicht, und so ist ein großer Übelstand da. Wenn der aber einmal gehoben ist, dann ists auch prächtig, denn wie wir jungen Leute hier zusammenhalten, das ist wirklich ergötzlich. Die Maler untereinander ohne den geringsten Hochmut oder Neid, in wahrer Freundschaft, voran einige liebenswürdige Persönlichkeiten wie Hildebrand und Bendemann, und wenn sie dann in einer Kirchenmusik einmal den Baß des Chores ansehen, so lacht Ihnen das Herz im Leibe, weil da ein guter Maler neben dem anderen steht, und brüllen alle wie nichts Gutes. Heut früh noch haben wir so recht hübsche Musik in der Kirche gemacht, wo alles teilnahm, und gibt dann mal Immermann ein Stück, so malen die ihm die Dekorationen umsonst, und geben sie ein Fest, so dichtet er ihnen ein Stück, und ich mache die Musik, und das ist alles hübsch und lustig.

Aber heut ist Kirmes, das heißt, ganz Düsseldorf trinkt Wein. Nicht als obs das nicht jeden Tag auch täte, aber es geht spazieren dabei. Nicht als obs das nicht jeden andern Tag täte, aber es wird getanzt und gejubelt und sich betrunken und wilde Tiere gezeigt und Puppenspiel, und Waffeln auf offener Straße gebacken. Sie wissen ja, was Kirmes heißt. Als neugieriger Zuschauer muß ich auch noch spät abends hin, jetzt aber werde ich mich erst etwas in den Rhein stürzen, mit vielen Malern.

MIT BLEISTIFT UND STUDIENBUCH
(1839)

Düsseldorf ist eine Stadt von ungefähr dreißigtausend Einwohnern, das heißt, wenn man die mehr als abgesonderte
Dörfer zu betrachtenden Vor- und Nebenorte dazurechnet.
Die Straßen sind reinlich und ziemlich breit, die Häuser elegant, aber meistens etwas flüchtig gebaut; der Character des
Neuen, Ebenentstandenen, nicht auf zu lange Dauer Berechneten herrscht vor, und deutet auf Neigung zu einem heitern,
etwas leichtsinnigen Lebensgenuß. Die nach allen Richtungen
offne, wenigstens nicht mit Mauern umgebne Stadt verliert
sich nach der Seite des Hofgartens hin fast unmerklich in die
anmuthigen, mit einem feinen Sinne angelegten Promenaden
desselben; auf einer andern Seite wird sie vom Rheine begränzt. Jenseits des Rheines und, was die diesseitigen Ufer betrifft, außerhalb jenes Gartens ist die Gegend flach und
fruchtbar, zu Gartenanlagen und Getreidefeldern benutzt.
Doch erheben sich auf der rechten Seite des Flusses, etwas
über eine halbe Stunde von der Stadt, die Grafenberge mit ihren schattigen Waldparthien, ein beliebter Spatzier- und Studienort der Düsseldorfer Künstler. Ungefähr zwei Stunden
hinter diesen Bergen lockt das sogenannte Gestein, eine seltsame, von der Hochebene plötzlich hinabsinkende Felsenschlucht in die geheimnißvolle Einsamkeit seines Waldlebens,
zu seinen Höhlen und üppig wuchernden Wasserpflanzen,
und sieht oft Wochen und Monate lang eine kleine Künstlercolonnie in der im Eingange desselben gelegnen Mühle sich,
so gut es gehn will, behelfen.

Die Düsseldorfer Umgegend kann, ungeachtet dieser einzelnen Schönheiten, durchaus nicht als eine von der Natur besonders begünstigte gerühmt werden. Der Boden neigt sich zum Sandigen hin; das Grün der Gewächse und des Laubes hat daher, was davon immer eine Folge ist, eine gewisse spröde und trockne Färbung; es fehlt ihm jene erquickende Saftigkeit, die ich wenigstens nur ungern vermisse und die selbst einer ganz ebnen Gegend so große Reize verleihen kann. Die einförmigen, von Obstbäumen überragten Gartenhecken, zwischen denen man, nach welcher Richtung man sich auch wenden mag, mehr oder weniger hinwandeln muß, geben den hiesigen Umgebungen sogar etwas kleinliches. Die Waldpartien, von denen eben die Rede war, darf man sich auch keineswegs als eine Art von Urwald, mit majestätischen, himmelhohen Eichen und Buchen vorstellen. Die Cultur hat am Rheine zu große Fortschritte gemacht, als daß man dort so leicht auf einen Wald in seiner vollen Schönheit stoßen dürfte. Wenigstens die Waldungen in der Umgegend von Düsseldorf verhalten sich zu einem Walde dieser Art, wie sich die hiesigen Häuser zu den massiven, wie für die Ewigkeit aufgequaderten Gebäuden mancher älteren Städte verhalten.

Aber Alles, was der Düsseldorfer Gegend zum Gebrauche für den Maler und zunächst den Landschaftsmaler abgehen mag, wird auf das reichlichste durch die Nähe der nie genug zu preisenden Herrlichkeit der Ufer des Rheines und seiner Nebenflüsse von Bonn hinaufwärts ersetzt.

Die Düsseldorfer Künstler zeigen sich auch nicht müßig, die vor ihnen offen liegenden Schätze zu heben. Besonders im Herbste bedecken kleine Caravanen derselben die Straßen entlang des Rheines. Während sich der Genremaler an dem lustigen und lebhaften Treiben der Gegenwart vergnügt, wendet

sich der Landschaftsmaler so bald als möglich von den culti-
virten und modernisirten Hauptstraßen ab. In den einsamsten
Nebenthälern, auf schwindelnd überhängenden Felskuppen
sieht man ihn mit Bleistift und Studienbuch in emsiger Thä-
tigkeit.

Ich habe mir in der Einleitung meines Buches die Freiheit zu
allerlei Abschweifungen vorbehalten und widerstehe der Ver-
suchung nicht, ein katholisch kirchliches, hier in Düsseldorf
gefeiertes Fest etwas ausführlicher, so weit ich es selbst zu beobachten Gelegenheit hatte, zu schildern, das sich seiner äußeren Gestalt nach durchaus als ein Ausfluß der heitern und
lebensvollen Richtung des Katholicismus darstellte… Im Juli
1836 feierte eine der hiesigen Sodalitäten oder Brüderschaften
ihr zweihundertjähriges Jubiläum. Der Zweck dieses im Jahre
1636 gestifteten religiösen Vereines geht dahin, den Dienst der
heiligen Jungfrau in seiner Reinheit zu bewahren und sich zugleich wechselseitig in Armuth, Krankheit, innern und äußern
Anfechtungen, Noth und Tod zu unterstützen. Alle andern religiösen Gesellschaften, deren es in Düsseldorf mehrere giebt,
ja die ganze katholische Bevölkerung nahm an diesem Feste
Theil. Es war ein Volksfest in der umfassendsten Bedeutung
des Wortes. Die meisten Straßen der Stadt waren in einen grünen Laubengang verwandelt worden. Alleen von vollständi-
gen, frischgefällten Bäumen vor den Häusern eingepflanzt.
Kränze schwankten kreuzweis über die Straßen gezogen und
trugen, da wo sie sich kreuzten, allerhand Zierrathen, Kronen
und Inschriften. Auch die Kirchen waren höchst anmuthig
mit Kränzen geschmückt. Am Abende war die Stadt illuminirt.
Statt der Porträte und Namenszüge der Kaiser, Könige und
Helden, die man sonst auf diese Weise zu feiern pflegt, leuch-

tete das Bild der heiligen Jungfrau auf größeren und kleineren Transparenten. Eine zahlreiche Volksmenge bewegte sich in ruhig feierlicher Stille durch die Straßen zwischen den mit Lampen behangenen Baumreihen. Selbst die Bewohner der abgelegensten und dürftigsten Winkelgassen hatten ihre Häuser nach Kräften herausgeputzt, um an der allgemeinen Festlichkeit Theil zu nehmen. In den Fenstern der ärmsten Hütten brannten wenigstens ein Paar Talglichter neben einem kleinen Pfennigbildchen der gefeierten Heiligen. Der Beschauer fühlte sich durch dieses Opfer der Armuth aufrührende Weise daran erinnert, daß es sich hier nicht von einem Feste zu Ehren weltlicher Herrlichkeit, sondern zu Ehren der Mutter dessen handelte, der da gesprochen: Selig sind die Armen, denn das Himmelreich ist ihrer!

Düsseldorf. Anonymer Stahlstich, undatiert.

HANS CHRISTIAN ANDERSEN

AUS DEM TAGEBUCH
(1843)

28. Februar 1843

Am Morgen um 7 1/2 Uhr nach Düsseldorf, stieg in Dom-
hardts Hotel ab, ging sofort zum Kunsthändler Buddeus, dem
Specter mich empfohlen hatte, aber er war in Frankfurt. Heute
ist der letzte Tag des Karnevals, er fand auf der Alleestraße
statt und ähnelt eher Dyrehavs Bakken als einem Corso; Männer mit Narrenkappen ritten umher, ein maskiertes Regi-
mentsmusikchor zu Pferd blies, am interessantesten war ein
Zug von Kindern zu Pferd, aber es waren ihre eigenen Beine,
die sie trugen, und Pferdeleiber aus Pappe schwebten um sie
her; sie ritten einen einstudierten Tanz nach der Musik; dann
folgte in dem Narrenzug eine Parodie auf die [Walhalla] in
Regensburg mit Karikaturen von Liszt, dem Rheindichter Becker usw. – viele Andeutungen verstand ich nicht. Leute fuhren
die Straße auf und ab; aus einem Wagen starrte mich ein be-
kanntes Gesicht an, wir sprachen beide Dänisch, es war der
Maler Benzon; inzwischen fing es an zu regnen, ich bekam
nasse Füsse; aber der Himmel weiß wie zäh ich bin und so
gehe ich ins Theater und sehe mir »Die Regimentstochter« an;
ein kümmerliches Theater; Sänger und Sängerinnen an die
man sich gewöhnen kann, die einem aber nicht guttun; – es
war ein Prinz im Theater, ich erkannte ihn nicht! – Es zog
schrecklich! ging mitten im 2. Akt heim und trank heißen
Grog; um 10 Uhr ins Bett.

War draußen in Buddeus' Kunsthandlung, wo ich hübsche
Kupferstiche sah. Traf Achenbach, den Maler, der den Narren-

zug arrangiert hat; wir gingen zur Akademie, Kurfürst Johann Wilhelms Statue in Marmor steht dort; wir gingen zum Bilderssal, wo ein großes Stück von Sohn mich ansprach: Tasso im Garten der Villa d'Este und die beiden Leonoren; die Draperien schön! aber man sah, daß er nicht in Italien gewesen war. Professor Schirmer besucht; bei Schrödter sah ich Skizzen zu den »Wiedertäufern« in Münster; der Schneider als König sehr charakteristisch. Bei Deger, Schüler von Overbeck, sah ich eine hübsche Madonna mit einer häßlichen vergoldeten Glorie. Ein Unwetter von Becker; von Mücke die heilige Catharina. Herr Tidemann (?) führte mich herum; besuchte Benzon; Gurlitt ist hier, ich suchte ihn auf und traf bei ihm zwei die Dänisch sprachen, der eine war der Maler Carl. Um 4 1/2 Uhr von Düsseldorf abgereist.

ERINNERUNGEN AUS DEM JAHR 1848
(1848)

Düsseldorf, 3. März 1848

Wir sind noch hier, weil die Eisenbahn bei Valenciennes zerstört ist und die Passage also gehemmt. – Düsseldorf ist fast so schweigend als Venedig. Es kommt mir selbst im Vergleich mit Oldenburg noch auffallend still vor. In Oldenburg hört man in den engen Straßen das Klappern des Handwerkers, das Rollen der Marktwagen, den Schrei spielender Kinder; hier aber liegen die langen, baumbesetzten Straßen lautlos da. Es ist eine Ruhe, wie ich sie einst in Fulda, in Bruchsal, überhaupt in den ehemaligen kleinen Residenzen geistlicher Herren gefunden habe. Wie still muß es nun erst in Düsseldorf gewesen sein, ehe die Eisenbahnen und Dampfschiffe Leben und Bewegung in diese Gegenden brachten! Man begreift, daß dies gerade der Ort war, an dem die Jacobi's, die Stollberge, die Gallizin, sich so sanft mit ihrem mystischen Pietismus in's bläuliche, nebelverschwommene Jenseits hinübergeschwächlicht haben.

Neben den großen Ereignissen, neben der gewaltigen Bewegung in Paris, haben die hiesigen stillen Künstlerateliers etwas Unheimliches und Fremdes. Die Kunst ist bei uns, d. h. nicht in Deutschland, sondern in unserer Zeit, so wenig in das Leben getreten, daß sie für die Meisten immer ein abstrakter Begriff bleibt. Sie ist nicht aufgegangen in unserm Bewußtsein als ein notwendiges Bedingnis unseres Daseins, wir sind sie nicht gewohnt, wie die Harmonie in der Natur, die uns eben, weil wir sie gewohnt sind, nicht befremdet. Wäre alles, was von Menschenhand erzeugt wird, von dem Geiste des Schönen durchdrungen, so würden wir uns auch vertrauter zu den großartigsten Produkten der Kunst verhalten, die um ihrer Kostbarkeit willen nicht in den Besitz des Einzelnen übergehen können. – Der moderne Monarchismus und die ungleiche Güterverteilung, so wie der Mangel an öffentlichem Leben, haben in den letzten Jahrhunderten noch reichlich dazu beigetragen, die Kunst aus den Kirchen und von den Märkten, aus den Volkshallen und andern öffentlichen Gebäuden, in verschlossene Paläste und Säle zu verstecken, und die Völker haben sicher dadurch verloren. Wir müssen nun erwarten, ob die neue Republik auch die Kunst, als allgemeines Bildungsmittel, dem Volke mehr zugänglich, sie zum Gemeingut auf Straßen und Plätzen machen werde, wie es im Altertum und in den italienischen Republiken der Fall gewesen ist.

Wenn ich mich hier, wo die transzendentale christliche Kunst ihre großen Verehrer hat, gegen die Abstraktion in der Kunst ausspreche und es recht finde, daß mein Landsmann und Freund Karl Hübner wenigstens den Versuch wagt, den Inhalt der Jetztzeit in den Bereich seiner Schildungen zu ziehen, und durch die bildliche Darstellung der herrschenden Übelstände zum Herzen und in das Bewußtsein der Menschen zu dringen, so antwortet man mir: »Die Kunst kann die Zeitfragen nicht lösen. « – Aber die bloße christliche Liebe und die Madonnenbilder haben es auch nicht vermocht bis jetzt; und es kommt, so scheint mir's, nun darauf an, mit allen Kräften, mit allen vereinten Mitteln auf das eine große Ziel zu steuern. Daß die Kunst ein großes Mittel sei, wird aber Niemand leugnen; sie muß also mitwirken, so viel an ihr ist, für die Sache der Freiheit.

Gestern besuchten wir den Maler Scheuren. Er hat sich in vielfachen, man möchte sagen in allen Zweigen der Malerei versucht, und überall mit Erfolg. Ich sah vortreffliche, dichterisch komponierte Aquarelle, anmutige Genrebilder und sehr schöne Landschaften von ihm. Zu den Landschaften hat man eigentlich das reinste Verhältnis in Stimmungen wie die jetzige. Sie wirken beruhigend, wie die Natur; während das Genre, trotz seiner oft rührenden Kindlichkeit, kleinlich erscheint, wenn auf der Erde neue Menschheitsepochen sich bereiten. Das große Schicksal des einzelnen großen Menschen verliert sich dann schon in der Allgemeinheit und erscheint weniger bedeutend, um wie viel mehr die kleinen Leiden und Freuden, welche das Genre darzustellen pflegt! Wer denkt denn jetzt an ein pfeifendes Vögelchen, an ein spielendes Kind, an einen trommelnden Großpapa und an sein Enkelsöhnchen!

Die hiesigen Maler, wie sie sich in kirchliche und weltliche teilen, bilden auch in der Politik zwei Parteien. Die Frommen und die Romantiker halten es mit dem Bestehenden; Lessing, Hübner, Scheuren und viele Andere sind ergriffen vom Geiste des Jahrhunderts, und voll freudiger Hoffnung auf eine freie Zukunft. Sie hatten sich bei den Petitionen beteiligt, waren bei den Versammlungen der Liberalen tätig und vor Allen forderte der männliche Lessing zu frischem Fortschritt auf, was ihm von der andern Seite verargt wurde. Wird sich irgendwo das Erblühen der Freiheit segensreich beweisen, so ist es zuerst in der Kunst, und diejenigen Künstler, welche überhaupt Leben in sich haben, empfinden dies in freudiger Vorahnung auch hier. Hübner will nach Paris gehen, um Volkserhebung, Volksbewegung »mit Augen zu schauen« und sich die Seele daran zu erweitern.

ANGST VOR DER MELANCHOLIE
(1849)

Dresden, den 3. Dezember 1849

… Dein Brief, alles was Du mir schreibst, macht mir immer mehr Lust auf Düsseldorf. Sei nun so gut, mir zu schreiben, bis wann Du glaubst, daß die Herren Vorstände einen bestimmten Entschluß wegen der Annahme der Stelle von mir wünschen. Braucht ich mich nicht vor Ostern zu entscheiden, so wäre mir das am liebsten. Ich werde Dir später sagen, warum.

Noch eines: Ich suchte neulich in einer alten Geographie nach Notizen über Düsseldorf und fand da unter den Merkwürdigkeiten angeführt: drei Nonnenklöster und eine Irrenanstalt. Die ersten lasse ich mir gefallen allenfalls; aber das letztere war mir ganz unangenehm zu lesen.

Ich will Dir sagen, wie dies zusammenhängt: Vor einigen Jahren, wie Du Dich erinnerst, wohnten wir in Maxen. Da entdeckte ich denn, daß die Hauptansicht aus meinem Fenster nach dem Sonnenstein (einer Irrenanstalt) zu ging. Dieser Anblick wurde mir zuletzt ganz fatal; ja, er verleidete mir den ganzen Aufenthalt.

So dachte ich denn, könnte es auch in Düsseldorf sein. Vielleicht ist aber die ganze Notiz unrichtig und die Anstalt dann eben nur ein Krankenhaus, wie sie in jeder Stadt sind.

Ich muß mich sehr vor allen melancholischen Eindrükken in Acht nehmen. Und leben wir Musiker, Du weißt es ja, so oft auf sonnigen Höhen, so schneidet das Unglück der Wirklichkeit umso tiefer ein, wenn es sich so nackt vor Augen stellt. Mir wenigstens geht es so mit meiner sehr lebhaften Phantasie …

DÜSSELDORFER TAGEBUCH
(1850)

Montag, den 2. September, abends 7 Uhr kamen wir in Düsseldorf, das wider unser Erwarten freundlich liegt, sogar auch von einem kleinen Bergrücken umgeben ist, an und wurden von Hiller und dem Konzert-Direktorium empfangen. Letzteres empfing Robert mit einer Anrede in sehr freundlicher Weise. Hiller begleitete uns ins Hotel Breidenbach, wo wir Zimmer für uns vorgerichtet und festlich mit Blumen, am Eingange zwei Lorbeerbäume, verziert fanden.

Abends brachte die hiesige Liedertafel dem Robert ein Ständchen und Frau Wichmann (ausgezeichnete Malerin), Frau Sohn (Frau des Professor Sohn – Maler–), Fräulein Bensinger und noch zwei Damen, deren Namen ich vergessen, begrüßten mich, was ich sehr liebenswürdig fand.

Dienstag, den 3., machten wir mit Hiller Besuche bei Professor Sohn, Professor Wichmann, Direktor Schadow, Dr. Hasenclever und Dr. Müller (von Königswinter). Nachmittags begannen wir, Logis zu suchen, fanden aber die Häuser alle unkomfortabel, ungemütlich große Fenster, ganz flache Mauern, die Höfe durch garstige große Wände (Waschküchen hier genannt) verbaut, für die Hausfrau auch gar keine Bequemlichkeiten, kurz, wir waren sehr enttäuscht, denn da Düsseldorf so im Grünen liegt, konnten wir nicht denken, daß es schwer halten würde, ein Logis im Grünen und mit Garten zu bekommen. Die meisten Leute haben hier ganze Häuschen und immer in jeder Etage nur 3–4 Fenster Front. Die Häuser sind teuer und uns der Gedanke, oben Eins, unten Eins, Eins in der Mitte zu wohnen, schrecklich.

Mittwoch, den 4., Logis-Lauferei. Nachmittag tranken wir auf dem Ananasberg, ein Vergnügungsort im Hofgarten, Kaffee und machten da die Bekanntschaft des Direktors Schadow, Bruder der Frau Bendemann in Dresden. Der Mann gefiel uns sehr, er ist ein geistvoller Mann und erinnert mich sehr lebhaft an den alten im vergangenen Jahr verstorbenen Schadow in Berlin.

Abends wurde uns eine große Überraschung. Wir saßen im Hotel unten am Tisch und aßen; auf einmal begann neben uns im Zimmer die Don Juan-Ouvertüre. Wir konnten das gar nicht begreifen, und auch der Notar Euler, den wir zufällig auch dort trafen, verriet uns nichts; es war aber ein Ständchen, das das hiesige Orchester dem Robert brachte. Robert war auf das Freudigste überrascht… Sie spielten alles sehr gut, und ich denke, Robert wird mit dem Orchester schon etwas anfangen können.

Donnerstag, den 5. Wieder Logisgesuch, abermals ohne Erfolg.

Das Komitee der Konzerte kam im Frack usw, um uns zu einem Konzert, Souper mit Ball am Sonnabend einzuladen, was Robert zu Ehren veranstaltet worden ist. Die Herren des Komitees sind Herr von Heister, Professor Hildebrand, Notar Euler.

Freitag, den 6., kamen unsre Möbel, und nun hieß es, einen Entschluß fassen; wir mieteten ein Logis, das uns sehr wenig zusagte, in dem Hause des Fräulein Schön, Allee- und Grabenstraßen-Ecke, nur um die Möbel gleich unterzubringen.

Sonnabend, den 7., wurden die Möbel abgepackt und an Ort und Stelle gesetzt. Das war ein schrecklicher Tag! von früh bis abends 6 Uhr war ich im Logis und hatte kaum Zeit, mich zu dem bevorstehenden Feste umzukleiden, wo wir dann auch nicht wenig ermüdet hinkamen. Beim Eintritt in den Saal wurde Robert mit einem dreimaligen Tusche empfangen, und bald begann die Genovevaouvertüre, die in Betracht einer einzigen Probe ganz leidlich ging. Diesem folgte »Du meine Seele«, »Die Lotusblume« und »Wanderschaft«, ... das erste von Fräulein Hartmann (mit schöner Stimme, aber zu wenig warm), das zweite von Fräulein Altgeld (für eine Dilettantin sehr hübsch), das dritte von Herrn Nielo (auch hübsch) gesungen. Den Beschluß des Konzerts machte der zweite Teil der Peri. Auch dieser wurde ganz hübsch ausgeführt, einige nicht ganz richtige Tempi abgerechnet... Es machte uns Vergnügen, einmal zuhören zu können, ohne selbst aktiv zu sein. Herr Tausch dirigierte ganz gut, wäre der Mann nur sonst persönlich angenehmer; er hat etwas... in seinem Gesichte, an das ich mich durchaus nicht gewöhnen kann.

Nach dem Konzerte ging's zum Souper, wo es sehr lebendig zuging. Wir saßen mit Schadows, Hillers (die beide von Köln gekommen waren), Dr. Müllers, Hasenclevers und andern zusammen. Zu essen gab es aber blutwenig, daher wurde auch jedes Gericht allemal mit einem Hurra empfangen, was uns sehr komisch vorkam.

Herr Wortmann, Beigeordneter, (als Vertreter des abwesenden Bürgermeisters) hielt die erste Rede, die aber, da sie bei Erschaffung der Welt begann, so lang war, daß er kaum vor Lärmen zu Ende kam; es war für uns sehr fatal, denn der Toast galt dem Robert, und ich war froh, als er glücklich zu Ende war. Dem folgten noch verschiedene Toaste auf Hiller, mich und Tausch, als Direktor der heutigen Musik. Euler (überhaupt das musikalische Faktotum hier) brachte auf mich einen sehr hübschen Toast aus. Nach dem Souper begann der Ball, wir waren aber zu müde, gingen daher fort.

Sonntag, den 8., hatte Hiller eine Partie mit mehreren arrangiert, um uns die Umgegend zu zeigen, doch Robert fühlte sich so unwohl, daß wir hier bleiben mußten und die andern allein gingen. Es war uns sehr fatal, doch es ging nun einmal nicht!

Montag, den 9., räumten wir im Logis und zogen Dienstag, den 10., daselbst ein, nachdem wir im Breidenbacher Hofe eine tüchtige Rechnung erhalten hatten.

Die nächstfolgenden Tage waren schrecklich! Der Trubel, die fremden Leute um einen, die Handwerker, die einen in nichts pünktlich bedienen, das große Logis, wo eigentlich kein behagliches Plätzchen darin ist, Fenster so groß, daß man auf der Straße zu sitzen glaubt, eine Köchin dazu, die lieber noch eine Bedienung für sich hätte, kurz, alles vereinigte sich zu unsrer Mißstimmung.

Freitag, den 13. Der heutige Geburtstag von mir war, wenn auch kein trauriger, so doch ein höchst fataler. Ich stak im schrecklichsten Trubel … Dies und so manches andre kostete mir der Tränen heute nicht wenige, besonders aber bekümmerte mich der Gedanke an die schrecklichen Unkosten, die dieser Umzug dem Robert verursacht hatte, die bei weitem das übersteigen, was wir uns gedacht hatten. Noch nie haben mich die materiellen Sorgen so gequält als jetzt, dazu der Umstand, daß ich nichts verdiene… kurz, wir haben eine schlimme Zeit durchzumachen, bis wir alles hinter uns haben…

Dienstag, den 17., hielt Robert den ersten Singverein. Wir sangen Comala (von Gade) und einige aus Josua von Händel. Robert war sehr zufrieden mit dem Verein; er ist zahlreich, und besonders klingen die Soprane recht schön frisch...

Mittwoch, den 18., besuchten wir Eulers in Flingern, wo sie ein nettes Haus mit schönem Garten im Sommer bewohnen. Es war eine hübsche lustige Gesellschaft draußen... Abends 9 Uhr gingen wir mit Müllers und Professor Stilke und Frau nach Haus bei herrlichem Mondenschein.

Die nächstfolgenden Tage vergingen wieder in größern häuslichen Sorgen. Ich mußte meiner Köchin aufsagen, weil sie gar zu prätentiös war; die Hauptsorge aber war, daß Robert durch das fortwährende Geräusch auf der Straße, Leierkasten, schreiende Buben, Wagen usw., in eine höchst nervöse, gereizte, aufgeregte Stimmung geriet, die von Tage zu Tage zunahm; arbeiten konnte er fast gar nichts und das wenige mit doppelter Anstrengung... Ich war außer mir, daß ich meinen armen Robert nach all den Opfern... nun nicht einmal im Besitz eines behaglichen Stübchens sehen sollte. Es ist Unglück, was wir haben! Konnte uns niemand von diesem Logis abraten? Warum sagte es uns niemand vorher? Nachher wissen die Leute immer alles!

Sonntag, den 29., fuhren wir zu unsrer Zerstreuung nach Köln, das uns gleich beim ersten Anblick von Deutz aus entzückte, vor allem aber der Anblick des grandiosen Domes, der auch bei näherer Besichtigung unsere Erwartungen übertraf... Nach Tisch... gingen wir auf das Belvedere, wo wir eine herrliche Aussicht auf den Rhein hatten, auch die sieben Berge, wo wir eigentlich noch hin wollten, liegen sahen ...

1. Oktober. Auch dieser Monat begann wieder mit Sorgen allerlei Art. Robert kann vor Lärm nichts arbeiten, ich nicht spielen vor allerlei häuslichen Beschäftigungen; ferner kann ich mich durchaus nicht in die untere Klasse von Leuten hier finden, die fast durchgängig grob, übermütig und prätentiös... sind; sie betrachten sich ganz unsersgleichen, nicht guten Tag geben sie einem – es ist, als müßte man es für eine Gnade ansehen, wenn sie einem etwas machen, und von Wort halten wissen sie alle nichts... Den ganzen Tag möchte ich weinen! kein Tag vergeht, wo nicht das Geld in Summen fortgeht!

Freitag, den 4., machten wir eine Partie auf den Grafenberg, unterdessen räumte Frl. Hartmann (ein liebes freundliches Mädchen) Roberts Stube von vorn nach hinten, und als wir zurückkamen, fanden wir alles fix und fertig, noch obendrein... mit zwei schönen Bäumchen geschmückt. Die Damen sind hier überhaupt... voller Freundlichkeit und Dienstfertigkeit für mich...

Montag, den 7., Besuch von Hildebrand und seiner Frau. H. ist ein prächtiger Mann, ein Künstler durch und durch und ein gemütvoller Mann, dabei großer Musikenthusiast...

Dienstag, den 15. Heute kam Herr v. Wasielewski (Violinspieler aus Leipzig), dessen Engagement bei den Konzerten Robert bewirkt hat, hier an. Ich freue mich sehr, daß er hier ist ...
Sonntag, den 20., waren wir abends mit Wasielewski und Tausch bei Euler, wo wir musizierten. Tausch ist hier der beste Klavierlehrer... als solcher ist er gewiß nicht ungeschickt, doch als Spieler oft sehr roh und als Mensch auch wenig anziehend.

Montag, den 21., waren wir bei Dr. Müller (aus Königswinter); ihn und seine Frau habe ich sehr gern, fast am liebsten von allen meinen Bekannten. Ich spielte den letzten Satz aus der F-moll-Sonate von Beethoven... Wir waren bei einem kleinen Souper noch sehr heiter, überhaupt sind die Leute hier immer lustig, wenn sie beieinander sind, was ich sehr gern habe, besonders fällt einem das heitere, ungezwungene Wesen der Damen auf, was wohl freilich auch zuweilen die Grenzen der Weiblichkeit und des Anstandes überschreiten mag; so erzählte mir wenigstens..., das eheliche Leben soll hier mehr französischer, leichter Art sein... Die Dr. Müller soll von diesen allen eine rühmliche Ausnahme machen, ihr werde ich mich wohl am meisten anschließen.

Dienstag, den 22., hielt Robert die erste Orchesterprobe. Das Orchester ist für die kleine Stadt ganz vortrefflich, was Robert sehr zufrieden stimmt...

Donnerstag, den 24., fand das erste Abonnementskonzert statt. Es war der Saal so voll wie nie in den Konzerten; viele Fremde aus Elberfeld, Krefeld, aus Münster sogar, waren gekommen. Robert wurde beim Auftreten mit einem dreimaligen Tusch empfangen. Die Ouvertüre von Beethoven (Op. 124) ging sehr schön, und war es mir ein besonderer Genuß, Robert heute dirigieren zu sehen mit der schönen Ruhe und doch so großen Energie dabei. Der Ouvertüre folgte Mendelssohns immer von neuem bezauberndes G-moll-Konzert. Auch ich wurde mit einem Tusch empfangen und ebenso nach meinem Spielen entlassen. Es gelang mir alles vortrefflich, und nie kann ich mich eines so allgemeinen Beifalls entsinnen, als ich heute fand. Seit vielen Jahren war es das erstemal wieder, daß ich ein

Orchesterstück öffentlich auswendig spielte. Sollte die Jugendkraft und Frische wohl noch einmal wiederkehren? ich glaube es trotz des guten Gelingens nicht. Diese Dreistigkeit, die zum Auswendigspielen gehört, bringt doch nur die Jugend mit sich. – Dem Konzert folgte Roberts Adventlied; wie schön das ist, habe ich auch erst jetzt erkannt, es ging auch recht gut für die wenigen Proben, die wir gemacht hatten. Den Beschluß machte die Comala (von Gade)… Frl. Hartmann sang heute ganz begeistert, und es war eine Stimmung, daß seit Mendelssohns Weggange keine solche allgemeine Begeisterung wie heute im Orchester und Chor empfunden wurde… Nach dem Konzert blieben wir mit noch einigen, Schadows, Hasenclevers, Sohns, Eulers, Hillers, (die von Köln herübergekommen waren), u. a. zusammen. Die Gesellschaft war sehr lustig, auch wir, bis Hiller einen so ungeschickten Toast auf uns ausbrachte, daß nicht viel fehlte, Robert stand auf und ging; es war mir höchst unangenehm und verstimmte uns beide total…

Montag, den 28., hatten wir eine kleine Musik bei uns.
…Ich spielte Roberts D-moll-Trio, Frl. Hartmann sang einige Lieder Roberts sowie mit Friderike Altgelt einige Duette sehr hübsch, und Wasielewski spielte Bachs Ciaconne auch sehr gut. Die ganze Gesellschaft war sehr teilnehmend, nur meint Robert, daß wenige oder vielmehr niemand hier ist, der in eine tiefere Musik leicht einzugehen imstande ist; ich meine aber, soviel Leute wie in Dresden sind hier auch, wenigstens haben die Leute hier mehr Enthusiasmus und guten Willen, das Schöne herauszufinden.

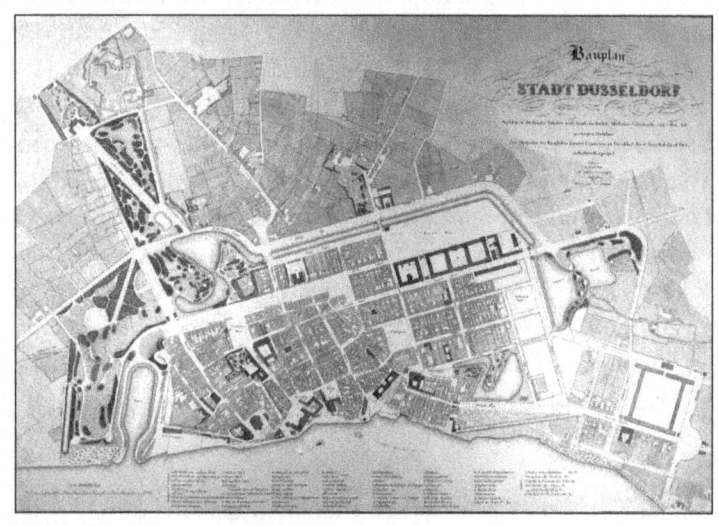

Bauplan der Stadt Düsseldorf. Stahlstich von W. Breitenstein nach einer Zeichnung von W. Werner, 1833.

GOTTFRIED KELLER

AUS DEM BRIEFWECHSEL
(1850)

Berlin, 8. Juni 1850
Gottfried Keller an Rudolf Flaigg

Freiligrath kam, nachdem ich zwei Tage bei ihm kampiert hatte, mit mir nach Düsseldorf, wo es hoch herging. Feine Diners in guter Gesellschaft im geschlossenen Zimmer irgend eines Gasthofes, riesige Maitrankbowlen vom feinsten Rheinwein und Champagner gemischt, solide joviale Bierszenen in Künstlerkneipen, improvisierte Frühstücke zu zehn Mann hoch auf dem Komptoir eleganter und wohlhabender Demokraten wechselten ununterbrochen miteinander ab und ließen mich mehr tot als lebendig nach Berlin reisen. Es war, fast ahne ich es, das letzte Aufblühen und Abblitzen einer schönen, aber nun aufzugebenden Zeit. Denn ich fühle nur zu wohl, daß sich diese Lebensweise mit einer gesunden Produktion nicht verträgt, und besonders wenn man die Jugend in Untätigkeit verloren hat. Indessen sollen die Götter verhüten, daß ich je ein Philister werde, der ein Glas Wein über den Durst nicht vertragen kann.

BESUCH BEI FREILIGRATH
(1851)

Einer meiner düsseldorfer Freunde führte mich eines Tages
nach dem dicht vor den Thoren der Stadt liegenden Dorfe
Bilk und stellte mich dort einem Manne vor, dessen glühende
Poesie auch die nüchternsten Herzen mit sich fortreißen muß,
dessen bilderreiche Verse ebenso gut am Ohio wie im Lande
der Kirgisen, bei den Nachkommen der alten Seekönige, wie
am Cap der guten Hoffnung bekannt sind – Ferdinand Freiligrath, dem so hoch verehrten und so tief geschmähten Dichter.
Freiligrath, der für Recht und Gerechtigkeit Hochbegeisterte,
ist in seinem Häuslichen und seinem Umgang der liebenswürdigste, gemüthlichste Mann, der sich denken läßt, ein lau-
niger Gesellschafter und zuvorkommender Wirth, kurz er
macht in schneller Zeit den Eindruck, daß man sich zu Hause
und wohl bei ihm fühlt. Er hat eine Frau mit vier prächtigen
Kindern. Ich war gern und oft mit ihm zusammen und wünsche, daß seine heiteren Abschiedsworte zur Prophezeihung
werden mögen: Sans adieu! wir sehen uns wieder! Unkraut
vergeht nicht.

Wenn man einen Begriff von den Schätzen der Ateliers haben will, die in Düsseldorf existiren, so gehe man zu Schemen,
dessen Album den Meister in jedem Genre, den Dichter durch
und durch zeigt; diese Einfachheit der Behandlung, diese
Großartigkeit der Gedanken, diese Fülle von Poesie findet man
selten. Lessing's Huß war leider schon fort und der deutsche
Märtyrer bei den Amerikanern! Hübsch, aber sonderbar, und
noch sonderbarer, daß das Bild, welches den Reformator am

Scheiterhaufen darstellt, gerade an seinem Todestage abgeschickt wurde. Die Skizze ist noch im Atelier; eine lebendige Composition!

Hasenclever, Preyer, Hübner, Hilgers etc., Alle suchte ich auf und fand die freundlichste Aufnahme zwischen ihren mit Studien und Skizzen bedeckten Wänden. Es ist ein echtes frisches Künstlerleben in diesem Düsseldorf, man arbeitet mit Vergnügen, und wenn man nicht arbeitet, vergnügt man sich.

In dem Düsseldorf, nicht wie ich es bis dahin schildere, sondern als Stadt betrachtet, war für mich ein Punkt von besonderem Interesse der Hofgarten. Auf diesem Rasen war es, wo einer unserer genialsten Dichter, der jetzt auf fremder Erde mit dem Tode ringt, seine Jugendzeit verlebte und oft in seinen Werken mit Wehmuth des düsseldorfer Hofgartens gedenkt, in dem zuerst sein kleines Herz von Bewunderung für die Thaten und Leiden des großen Ritters erschüttert wurde. Aber der Garten ist auch schön zum Schwärmen, und seine dichtbelaubten stillen Gänge wirken beruhigend und wohlthuend auf das Gemüth. Der darin liegende Hügel, »Ananasberg« – vulgo Anispuckel – genannt, ist der Nachmittags-Versammlungsplatz der Kaffeetrinker und Dominospieler, von denen auch Schreiber dieser Skizzen ein eifriger Anhänger war.

MALKASTEN
(1854)

Es war eine merkwürdige Zeit, das »tolle Jahr 48«, in dem der
»Malkasten« das Licht der Welt erblickte. Eine Zeit des Wer-
dens, Vorfrühling.

Man hielt staatsgefährdende Brandreden, berauschte sich
an überschäumenden Revolutions- und Freiheitsliedern und
schwärmte für ein einheitliches Kaisertum. Irgend ein Zusam-
menschluß, eine brüderliche Vereinigung mußte geschaffen
werden. Das lag so in der Luft.

Und unruhige, brauseköpfige Sprudelgeister waren es, die
den »Malkasten« gründeten.

Alle Farben, sowohl der politischen wie der künstlerischen
Gesinnung sollten hier in geselligem-friedlichem Wirkungs-
kreise sich zusammenfinden, und mit stürmischem Beifall
wurde deshalb der Name »Malkasten« für den neu gegründe-
ten Verein sofort angenommen. Zur Losung in seinem Schild
»wider die Philister und Piefkes« wählte er das Motto: »Ich
komm doch durch komm ich doch!« Darunter aber war ein
zweiköpfiger schwarzer Adler gemalt auf goldenem Grund;
auf seiner Brust das alte Wappen der deutschen Malerzunft,
drei silberne Schildlein auf rotem Grund, das Karl V. dem Alt-
meister Albrecht Dürer verliehen hatte. In den Fängen hielt
der Adler einen schäumenden Bierkrug und einen Haus-
schlüssel, damit andeutend, daß, wenn er einerseits den Becher
fröhlichen Genusses mit der Miene des ausgelassenen Schalks-
narren biete, doch andererseits mit dem ehrbaren Hausschlüs-
sel ermahne, auch das beste Spiel solle ein wohlweises Ende

nehmen und der friedlichen Ehehälfte daheim nicht vergessen lassen.

Durch den Glanz und Humor der Feste, die er im Laufe der Zeit veranstaltete, hat der »Malkasten« sich einen unvergänglichen Ruhmeskranz erworben und es damit erreicht, daß sein Name in der ganzen Welt einen ungemein reizvollen, einen hellen Klang besitzt. In seinen Hallen hatten von jeher sich alle Geister des Frohsinns und der Gastlichkeit ein recht wohnliches Heim gegründet.

Schnell hatte sich der junge Verein zu kräftigem Emporblühen entfaltet, und nachdem schon im ersten Frühjahr seines Bestehens ein Fest im Freien – im Bilkerbusch – zunächst zwar noch in bescheidenen Grenzen, aber von sprudelnder Jugendlust durchweht, gefeiert worden war, konnte man bald sich an bedeutendere Aufgaben wagen. Ja bereits nach einigen Jahren weiß die Geschichte von festlichen Aufzügen zu berichten, die ganz besondere Glanzpunkte in der Geschichte des »Malkastens« bilden. Sie waren mit dem ganzen Zauber der echten Romantik, mit dem frischen Duft sonniger Waldespoesie umwoben. Sie zeigten sich als so recht eigenartig für die damalige Kunstrichtung, namentlich der Düsseldorfer Schule, die darin als tonangebend galt.

Damals war Alt-Düsseldorf in seinen klein bürgerlichen Verhältnissen noch ausschließlich Kunststadt. Die »Möler« waren durchweg stadtbekannte Persönlichkeiten, unter denen manche, wie die Achenbachs, Lessing, Papa Weber, der kleine Preyer u. a. als vollständig volkstümliche besondere Aufmerksamkeit genossen. So waren denn auch die Künstlerfeste am Grafenberg zu wahren Volksfesten geworden, die die ganze Stadt mit der lebhaftesten Anteilnahme begleitete und die auch heute noch im Volksmunde fortleben.

Einen engeren Charakter erhielten die Festlichkeiten, als dem »Malkasten«, wie einem echten Sonntagskinde, das unvergleichbare Glück zuteil wurde, das herrliche Besitztum sein eigen nennen zu dürfen, nämlich das frühere Jacobische Gut in Pempelfort. Nun konnte er im eigenen Heim die großartigsten Gartenfeste feiern; war doch der anmutige Park in seiner idyllischen Abgeschlossenheit wahrlich einem paradiesischen Zaubergarten vergleichbar, wie ganz eigens für zauberhaft bunte Künstlerfeste geschaffen.

Aber ebensowenig wie die Städte eine Kunst machen, kann auch die Örtlichkeit allein – und wenn sie noch so günstig wäre – Künstlerfeste bringen. Dazu gehören vor allem auch die rechten leitenden Persönlichkeiten, die, mit reicher Einbildungs- und Erfindungsgabe begabt, die Zusammensetzung zu einer wirkungsvollen Prachtentfaltung dramatisch zu gestalten wissen. Auch in dieser Beziehung wurde der »Malkasten« von einem besonderen Glücksstern geführt. Vor allem waren es nach Emmanuel Leutze, der im ersten Jahrzehnt den Vorsitz geführt hatte, Wilhelm Camphausen und Karl Hoff, der aufopfernder, kraftvoller Mut in den folgenden Jahrzehnten die Malkastenfeste zur schönsten Blüte emporhob.

Düsseldorf, Ansicht von Oberkassel aus auf die Rheinfront mit Hafen.
Anonymer Stahlstich.

DÜSSELDORF BEI NACHT
(1863)

Nachdem wir die Concordia am Düsseldorfer Kai verlassen hatten, schifften wir uns sofort auf der König ein, einem Dampfschiff von beachtlichen Ausmaßen, in der Annahme, daß es im selben Moment ablegen würde; aber die König wurde noch beladen, und auf Karren kamen mit jeder Minute mehr Kisten, Tonnen, Pakete jeder Beschaffenheit angefahren; auf der Verladebrücke häufte es sich vom Bug bis zum Heck, so daß kein Durchkommen mehr war, und immer noch wurden neue Waren aufgestapelt, und die kleinen Karren fuhren vom Schiff zur Mole und von der Mole zum Schiff und brachten verschnürte Ballen, Fässer sowie schwere und umfangreiche Bündel. Das überladene Boot senkte sich auf beunruhigende Weise; schon berührte das Wasser die Plankenmarkierung, und über der reservierten Schiffskoje, oder dem Pavillon (dies ist der regionale Ausdruck), in den wir uns zurückgezogen hatten, ging das Füßetrampeln weiter, der Krach der Räder, das Aufprallen der Kisten, das unseren fiebrigen Halbschlaf voller seltsamer Alpträume, die uns heimsuchten, unterbrach.

In unseren flüchtigen Träumen war es uns, als ob alle Waren des Universums, die in Düsseldorf eingelagert waren, auf die König verladen würden. Die Berge von Fässern, Flaschen, Kisten erhoben sich bis zur Höhe des Schornsteins, den sie zu überragen drohten; das Wasser schäumte gegen die Scheiben der hermetisch verschlossenen Luken, und unterdessen warfen schwarze Männer, Teufeln ähnlich, von einem düsteren Kohlenschlepper aus, der von Fackeln sonderbar erleuchtet war, in den geöffneten Laderaum des Dampfschiffes einen Kohlenvorrat, mit dem man, ohne ihn zu erneuern, eine Reise ins Jenseits hätte unternehmen können.

Ohne Zuflucht zur Erklärung des Traumdeuters nehmen zu können, verstanden wir doch durch unseren Traum, daß der Zoll die König lange aufhalten und daß wir am anderen Tag in Rotterdam, wenn überhaupt, sehr spät ankommen würden. So nahmen wir unsere Reisetasche, die sich unterm Gepäck befand und machten uns auf den Weg, entschlossen, mit der ersten Eisenbahn weiterzufahren. Man hatte uns im Übrigen den Preis für unseren Platz ehrlich zurückerstattet, und wir konnten der König, die kaum für etwas anderes bestimmt war als für den Transport von Waren, ihre Langsamkeit nicht vorwerfen.

Aber es hatte gerade ein Uhr in der Früh geschlagen, und um diese Uhrzeit ruht Düsseldorf in friedlichem Schlummer. Da gehen wir also durch die dunklen Straßen, an den verdunkelten Fassaden entlang und suchen irgendein Hotel, irgendein geöffnetes Gasthaus. Während wir so aufs Geratewohl umherirrten, dachten wir daran, daß Düsseldorf die Heimat Heinrich Heines war und daß wir vielleicht, ohne es zu wissen, durch jene Bolkerstraße gingen, wo er das Licht der Welt erblickte und wo er, mit Kreide auf einer braunen Tür, schreiben lernte. All die Details über Düsseldorf, mit denen der Autor der Reisebilder und des Intermezzo seine köstliche Phantasie des Tambour Legrand versehen hat, kamen uns ins Gedächtnis; aber da sie mehr poetisch als topographisch waren, waren sie uns kaum von Nutzen. Schließlich kamen wir auf einer Art Platz heraus, den uns ein schwarzes berittenes Gespenst, der Kurfürst Johann Wilhelm zu Pferde, in seine Rüstung gezwängt und frisiert mit einer langen Perücke aus Bronce, als den Marktplatz erkennen ließ; was uns nicht viel weiter brachte. Neben der Statue konnten wir einen fünf oder sechs Fuß hohen Gegenstand ausmachen, im unteren Teil viereckig, mit spitzer Kuppe, der sich in der Nacht wie der undeutliche Umriß eines Schilderhauses abzeichnete; aber als wir uns näherten, sahen wir, daß das Schilderhaus ein preußischer Soldat in seinem grauen Umhang war, den der blitzableiterartige Helm überragte: wir hatten den Inhalt für den Behälter gehalten, die Frucht für die Hülle, – das ist alles. Stellen Sie sich einen französischen Feuilletonisten und Kunstkritiker am Fuße der Reiterstatue des Kurfürsten Johann Wilhelm vor, der zur Stunde, wo das Pariser Publikum die Benefizvorstellung verläßt, oder die Gespenster der germanischen Legenden ihre Gräber verlassen, ernsthaft folgende Pantomime vor einem alten preußischen Soldaten mit spitzem Helm und grauem Umhang ausführt: »Ich«, die Hand auf der Brust, »ein Fremder«, eine Geste in Richtung des Hafens, »suche«, einige Schritte nach rechts und nach links, »ein Haus «, der Finger geknickt, wie wenn man an eine Tür klopft, »um zu schlafen«, die Augen geschlossen, der Kopf geneigt und die Wange auf den Handrücken gelegt, »denn ich bin müde«, schleppende Beine, baumelnde Arme, erschöpfter Ausdruck; »ich werde Sie belohnen«, Daumen und Zeigefinger reiben einige male aneinander, wie um Münzen durchgleiten zu lassen.

Lucien Petipa, unser choreographischer Mitarbeiter, wäre mit uns zufrieden gewesen; so nickte der Veteran mit dem Kopf, ergriff unsere Tasche, die anfing, schwer zu werden und ging uns mit seinem großen Militärschritt, dem wir kaum folgen konnten, voraus. Von Zeit zu Zeit hielt er an, zog an einer Klingelschnur, verpaßte einer Tür oder einem Fensterladen schwere Faustschläge, und wir warteten; aber nichts rührte sich in diesen schlafenden Häusern, und nur die Hunde antworteten aus den Hinterhöfen mit kläglichem Bellen.

Manchmal versetzte uns ein Lichtstrahl, der durch die geschlossenen Fensterläden drang, in die schönsten Hoffnungen; aber die Türen öffneten sich trotzdem nicht. Man hielt uns für Trunkenbolde oder nächtliche Ruhestörer. Schließlich zeigte sich eine Herberge gastfreundlicher als die anderen: nach langem Warten auf der Schwelle hörten wir im Innern des Hauses Schritte, das Knarren eines Riegels und ein Glück verheißendes Drehen des Schlüssels; ein Türflügel öffnete sich vorsichtig einen Spalt: in der Öffnung war ein schöner, alter, kleiner, faltiger und leicht ergrauter Kopf zu sehen, der wie ein Nürnberger Nußknacker modelliert war, und dessen wunderlich bizarre Häßlichkeit im lebhaften Licht und den starken Schatten hervortrat, die der Schein einer hoch gehaltenen Lampe bewirkte. Nach ein paar Worten unseres Führers gab uns das sonderbare Wesen den Weg frei, verschloß sorgfältig die Tür hinter uns und führte uns, mit dem Gang und den Blicken eines Schlafwandlers, in das letzte Stockwerk des Hauses, und dort in ein großes Zimmer mit drei Betten.

Dieses Hotel sah nicht aus wie gewöhnliche Hotels. Man merkte nichts von den auf Bequemlichkeit ausgerichteten Bemühungen, die die großen deutschen Gasthäuser auszeichnen: kein Teppich im Treppenhaus, keine endlosen Korridore, keine elektrischen Klingeln; statt dessen war man von einem gewissen Ausdruck der Bescheidenheit, der Zurückhaltung, der Kälte verblüfft, der leichter zu verstehn als zu beschreiben ist. Madonnenbilder in schwarzen Holzrahmen schmückten die Treppenabsätze, und unser Zimmer war mit einer Reihe von Stichen versehen, die die sieben Sakramente in Aquatinta darstellten.

Jetzt wo die Unterkunft gesichert war, mußten wir uns erneut der Pantomime widmen, um zu erfahren, um wieviel Uhr der Zug fuhr. Wir machten eine Geste, wie um aufzustehen und unseren Koffer zu nehmen und zeigten in Richtung Norden, dann zogen wir eine waagrechte Linie ins Leere und pfiffen wie eine wütende Katze, um die Dampfstöße der Lokomotive nachzuahmen, wir beschrieben mit der Hand mehrere Kreise, die die Rotation der Räder simulierten. Der alte Militär verstand; er zählte auf den Fingern bis sieben, fing an, laut zu schniefen und mit großer Geschwindigkeit seinen Arm zu drehen. Danach zählte er bis neun, stieß einige weniger starke Füt! Füt! aus, zog ein paar spärlichere Bahnen, hielt mehrmals an und nahm eine lässige Haltung an. – Es hieß: »Um sieben Uhr geht ein Expresszug und um neun Uhr ein Personenzug.«

Der alte Hausknecht in Gestalt eines Küsters betrachtete uns beunruhigt und verwundert zugleich, als ob wir uns kabbalistischen Übungen hingegeben hätten; aber der Militär übersetzte ihm die Sache ins Deutsche, was ihn beruhigte und ihm gute Laune machte.

Um sechs Uhr kam unser Führer, um uns zu holen und ließ uns Düsseldorf seiner ganzen Länge nach durchqueren; denn die Eisenbahnstation liegt am äußersten Ende der Stadt. Über Düsseldorf gibt es nichts besonderes zu sagen: es handelt sich um eine dieser sauberen, geordneten, gut gebauten, gut gepflasterten Städte, die in jedem Geographielexikon lobende Erwähnung finden.

20. und 21. Jahrhundert

Alfred Lichtwark

Clara Viebig

Joachim Ringelnatz

Albert Herzfeld

Emil Barth

Rolf Bongs

Jan Molitor

Wolfgang Langhoff

Berto Perotti

Max von der Grün

Paul Hübner

Gustaf Gründgens

Lore Lorentz

Martin Kalthoff

Thomas Kling

Ingrid Bachér

Enno Stahl

*D*ie so unterschiedlichen biographischen Erfahrungs- und Erlebnisräume des 20. und 21. Jahrhunderts in ein Kapitel zu bringen, ist eine Herausforderung. Letztlich kann insbesondere diese Auswahl nur Mosaiksteine zusammentragen. Während Alfred Lichtwark 1910 noch das Warenhaus Tietz, architektonisch geschaffen von Joseph Maria Olbrich, über die Maßen als »einfach herrlich« lobt, sehnt sich Clara Viebig noch nach ihrer Kindheit im alten Düsseldorf, die von einer bäuerlichen Umgebung geprägt war. Die Katastrophen des 20. Jahrhunderts spiegeln die herzergreifenden Auszüge aus den Tagebüchern von Albert Herzfeld wider, der sich der antijüdischen Hetze ausgesetzt sieht. Wie das zerbombte Düsseldorf in der unmittelbaren Nachkriegszeit aussieht, schildert mit wachem und keinesfalls beschönigendem Blick Rolf Bongs in dem Text »Ein Mann geht durch die Stadt«.*

Identitätsstiftung und Neu(er)findung stehen im Mittelpunkt der meisten Beiträge, wobei insbesondere Lore Lorentz' »Düsseldorf und Düsseldorfer« beeindruckt. Sie führt zahlreiche Gespräche und kommt zu dem Schluss »Und dann waten wir durch Klischees, bis wir nach Stunden feststellen: wir leben alle in einer anderen Stadt. In einer warmherzigen, eiskalten, kontaktfreudigen, arroganten, herzlichen, überheblichen, langweiligen, eleganten, spießigen, in einem Scheiß-Nest, in einer Weltstadt.«

Abgerundet wird der Band durch drei sehr unterschiedliche,
alle aber gleichsam originelle Texte: Thomas Klings Gedicht
»Kölemik«, Ingrid Bachérs »Düsseldorfer Marginalien«
und Enno Stahls »Brücken nach Düsseldorf«. Letzterer
ist 2016 von einem Schriftsteller, Wissenschaftler und
Journalisten verfasst, der lange Zeit in Köln wohnte und
jetzt in Neuss lebt. Wenn das kein brückenbauendes,
versöhnliches Zeichen ist ...

DAS GROSSE WARENHAUS TIETZ
(1910)

Düsseldorf, den 17. Februar 1910

Gestern abend konnte ich noch von außen das große Warenhaus Tietz von Olbrich betrachten, das ich noch nicht kannte. Es steht an einem Platz, den früher eine schöne alte Schule mit ihren stillen Spielplätzen und den ganz ungemein schönen Einfriedigungen einnahm. Das neue Warenhauss ist nicht sehr hoch, strebt aber frei und schlank empor. Die Fassadengliederung hat ohne jegliche Architektur etwas so Selbstverständliches und Sicheres, daß alle Architektur im Umkreis daneben dumm erscheint. Das Innere habe ich heute früh besehen. Es ist einfach herrlich. Von allen Warenhäusern, die ich kenne, ist dies das angemessenste und feinstberechnete. Messel hatte für den Innenausbau viele neue Gedanken. Die Keime für Olbrichs Leistung im Innenausbau seines Warenhauses liegen fast alle bei Messel. Aber was er gemacht hat, ist ganz neu und groß und steht eine Stufe höher als alles Ähnliche, das ich kenne. Bei Messel in Berlin hat man selbst bei den beiden ganz großen Räumen keinen Gesamteindruck. Alles ist aufgelöst, alles steht einzeln. Es ist keine Umspannung des Raumes fühlbar. Das liegt nicht nur an der notwendigen Auflösung der Wände. Selbst die noch übrigbleibenden starken Stützen würden genügen, die Einheit des Raumes fühlbar zu machen. Aber da fehlte es Messel an Courage in der Farbe. Solche Räume, die durch alle Stockwerke gehen und in alle Stockwerke Einblick gewähren, können nur durch starke Farbenakzente oder besser durch einen starken Gesamtton der Farbe zusammengehalten werden. Das hat nun Olbrich gelöst. Und er hat mehr getan als die Einführung eines starken Tones. Er hat die Gitter zwischen den durchgehenden Stützen sehr einfach, aber ganz gleichmäßig entworfen, so daß sie wieder das Umschließende betonen. Und er hat zwischen die Stützen im Erdgeschoss und ersten Stock eine Holzverschalung in einem Ton und mit sehr kräftiger Schnitzerei eingefügt, so daß der unten in der Halle Stehende sich noch ganz besonders fest umschlossen fühlt. Und er hat diesen Raum in der Halle unten nicht wie Messel durch eingebaute Treppen zerrissen und unübersichtlich gemacht, sondern die Treppe in ganzer Breite an das Ende des Saales entlang geführt. Man steigt wie zu einer Tribüne auf, die den Überblick über die ganze Anlage gewährt, und von dieser Tribüne gehen seitlich Treppen ab. Es ist eine ganz geniale Lösung.

Das Oberlicht lehnt sich an die letzte ornamentale Ausbildung, die es bei Messel erfahren. Es ist wie ein Tonnengewölbe über den Raum gespannt. Hätte Olbrich die Laternenlösung gekannt und benutzt, der Raum wäre noch einmal so schön geworden.

Der arme Olbrich. Er hat die Vollendung dieses großen Werkes nicht erlebt. Manches, was noch im einzelnen ungelöst oder fragwürdig erscheint, wird auf die andere Hand fallen, die den Bau vollendet hat. Aber wie er nun da steht, ist er das Wahrzeichen Düsseldorfs unter den Bauten der neueren Zeit. Es ist charakteristisch, daß weder der Bahnhof noch die Akademie neben diesem Warenhaus in Betracht kommen. Ich fühle es als ein Glück, daß ich dies Aufblühen eines neuen Stiles bewußt miterleben durfte. Er konnte nicht von einem Staatsgebäude ausgehen, hier sind die Überlieferungen zu stark. Es mußte ein monumentales Bedürfnis außerhalb der üblichen öffentlichen Gebäude entstehen, und es mußte so strenge praktische Forderungen stellen und über so große Mittel verfügen, daß der Architekt zugleich dem stärksten Zwang unterworfen und in unbeschränkter Freiheit gelassen wurde. Beides bot das Warenhaus. Von ihm aus wird nun eine Bewegung auf den Privatbau und auf die Monumente des Staates ausgehen. Möchten die Architekten, die das ausführen, sich soviel Geschmack und Takt und soviel Formgefühl aneignen, wie dazu gehört. Daß es in dem Punkte beiden neuem schlecht steht, bewies uns neulich der Besuch des Rathauses in Charlottenburg, das so berühmt und so scheußlich ist.

Das Große, das Olbrich geschaffen hat, weist auf zwei Quellen, Messels Bauten in Berlin und Wagners in Wien. Olbrich ist Wiener. Es ist besonders anziehend zu beobachten, wie sich in ihm die Formwelt der beiden Zentren mischt, und wie er sie aus eigenem bereichert.

Bisher hatte man eigentlich kaum Ursache, in Düsseldorf Halt zu machen, wenn nicht gerade eine Ausstellung im Gange war. Das hat sich nun geändert.

EINE KINDHEIT IM ALTEN DÜSSELDORF
(1914)

Von dem heutigen Düsseldorf, das als eine der schönsten Städte der Rheinlande gilt, weiß ich nichts zu sagen. Es ist mir fremd. Fremd geworden wie ein Gesicht, dessen liebe Züge man aus der Jugendzeit her genau im Gedächtnis trägt, das man zeichnen könnte, wenn man das Talent dazu besäße, in das man sich aber nicht mehr hineinfinden kann, wenn man es nach Jahren wiedersieht, weil aus dem schlichten Kindergesicht mit den einfachen Linien ein kompliziertes geworden ist – das Gesicht einer vornehmen, eleganten Frau.

Ach, mein Düsseldorf, nein, du bist es nicht mehr! Und ich stehe verwirrt, und es wird mir so wehmütig: wo ist mein stilles, gemütliches, altes Düsseldorf geblieben? Es lebt nur noch in meiner Erinnerung.

Und so bitte ich denn die, die mit mir durch Düsseldorf wandern wollen, sich in die Jahre des vorigen Jahrhunderts zurückzuversetzen, in denen noch die alte Akademie, das frühere kurfürstliche Schloß stand – unweit davon, wo jetzt die großartige Brücke herüberführt nach Krefeld – und mit schwärzlichen Mauern hinab auf den Rhein blickte. Schön war sie nicht, die alte Akademie, und ich bin gewiß, die neue am Hafen ist auch ungleich zweckentsprechender, aber wenn man von der »Anderen Seite« herüber nach dem düsteren Gemäuer blickte, dann machte sich das sehr malerisch, und es kroch einem zugleich ein angenehmer Schauder über den Rücken.

Die Akademie brannte ab, als ich noch ein kleines Mädchen war. Wann weiß ich nicht genau; ich weiß nur, daß ich die Masern hatte und starkes Fieber, und meine gute Mutter deshalb die Nacht an meinem Bettchen saß. Es mochte Mitternacht sein. Da ging ein Lärmen und Tuten, ein Schreien und Laufen auf unserem sonst so stillen Schwanenmarkt los, daß ich aus wirrem Schlummer aufschreckte. Halb war's Wirklichkeit, halb Fiebertraum – läuteten nicht alle Glocken? Die eine dröhnend dumpf, die andere wimmernd hell: »Bimbam, bim bam bum!« – Rettet, helft! Das alte Schloß brennt! Alle Bilder brennen! Alle Häuser rundum brennen! Ganz Düsseldorf steht in Flammen!

Meine Mutter hatte die Läden zurückgestoßen und das Fenster geöffnet – unser Zimmer lag zu ebener Erde – sie beugte sich weit hinaus.

»Mutter, Mutter, brennen wir auch ab?!« O weh, wie sollte ich wohl so geschwind weglaufen können, ich war doch krank! Meine Stirn glühte, und doch klapperten mir die Zähne, der Angstschweiß brach mir aus, wirre Gedanken jagten durch meinen schmerzenden Kopf. »Mutter, Mutter!« – Da legte meine Mutter ihre kühle Hand auf meine Stirn: »Schlaf, mein Kind, schlaf! Was sprichst du denn von brennen?! Draußen sind Angetrunkene, die machen Lärm auf dem Schwanenmarkt!«

Aber am Morgen war's doch wahr, am Rhein ragten ausgebrannte Mauern traurig in den noch von Qualm umdüsterten Himmel – das alte Schloß war nicht mehr.

Noch eine Weile standen seine Trümmer. Wir sahen sie, wenn wir zum Zolltor hinausspazierten, am Rhein entlang auf holperigem Pflaster, um zu den Äpfeln zu gelangen, die zur Herbstzeit gerade da aus den Kähnen geladen wurden und in Körben, wohlgeordnet in Reih und Glied, verlockend leuchteten. Christkind! Christkind! Hei, das waren ja die Weihnachtsäpfel! Auf der einen Seite vergoldet, hängen sie am Christ-baum, und wenn man das Schaumgold abreibt und hinein-beißt, dann weiß man ganz genau, wie Weihnachten riecht und schmeckt, dann ist man ganz voll von dem Zauber dieses wundersamsten aller Feste, an dem Christkind in der Krippe liegt, und ich mit unserer katholischen Dienstmagd bei stock-finsterer Nacht vor Morgengrauen in die Jesuiterkirche tappte, um es mit heiligem Entzücken zu schauen.

Das Kind hatte viele Feste im Düsseldorf der Vergangen-heit. Noch lebt das Martinsfest, aber ich glaube kaum, daß es die Kinderherzen jetzt noch so begeistert wie dazumal.

Da zogen wir um den Jan Willem auf dem Markt, und der alte Herr, auf dessen Allongeperücke immer so unendlich viele Spatzen saßen, sah ganz wunderlich-vergnügt drein beim Martinslämpchenschein. Sein mächtiger Gaul mit dem langen Schwanz hob die Hufe, als wollte er gleich mitstampfen: Lustig, lustig, trallerallalla!

Das helle Schirpen der Kinderstimmen war damals die ein-zige Musik, schrill und dünn klang es durch die November-nacht, aber so fröhlich, so selig wie erster Lerchenwirbel im Frühlingsfeld; man kannte es damals noch nicht, von Musik-chören begleitet zu werden. Den ausgehöhlten Kürbis, in dem ein dünnes Kerzchen brannte, hoch auf dem Stecken oder wie ein Körbchen, an dünnen Schnüren schaukelnd, in der Hand, so zog man aus.

»Hier wohnt ein reicher Mann – Der uns wohl was geben kann!« Es gab damals nicht so viel reiche Leute in Düsseldorf wie jetzt – mit dem Werden zur Industriestadt ist der Reich-tum gewachsen – aber reich genug waren viele, um die vor der Tür singenden Kindertrüppchen zu beschenken: Puffertku-chen, Spekulatius, Printen, Äpfel, Nüsse und Kastanien, allerlei

Leckeres, das wir jetzt wohl kaum mehr als Leckerbissen erachten würden.

Nun ist der Kürbis, wie so manches andere, zu seinen Vätern versammelt. Sterne, Monde, Sonnen, Lampions in allen möglichen Formen und Ausgestaltungen, leuchtend in Farben; die Papierlaterne aus dem Lande Japan hat den schlichten gelben und grünen Kürbis verdrängt, der in manchem Gärtchen, an mancher Böschung sorgsam gezogen wurde, von Kinderaugen ängstlich gehütet, von kleinen Händen fleißig begossen, damit er so groß, so dick wurde, daß man ihn dann kaum tragen konnte auf der Stange.

Im Rücken des Jan Willem auf dem Markt stand damals das Theater. Kein schöner Bau; ihm kann selbst meine Erinnerung keine verklärtere Gestalt anzaubern. Es war die reine Räuberhöhle, so eng, so finster, so unheimlich die engen Gänge, höchst feuergefährlich und miserabel ventiliert.

Von Martinslampen, Äpfeln und Theater ist's nicht allzu weit zur Kasernenstraße, noch kann ich den Weg ganz gut finden. Da wohnte gleich am Anfang oder am Ende – je nachdem von welcher Seite man kommt – der Konditor Neuhaus. Der backte so prachtvolle Cremeschnitten – Gott, was waren die groß für einen Groschen! Und dann seine Weckmänner zum Nikolaus! Darin war er Meister. Ich weiß nicht, ob die jetzigen Weckmänner auch so ein leckeres Zitronatmaul haben und solch süße Schokoladenknöpfe bäuchlings herunter. Bei uns in der Luisenschule war's Sitte, den Klassenlehrer oder die Klassenlehrerin zu Nikola mit einem Weckmann zu beglücken, und das Gaudium der Klasse war groß, und wir fanden uns ungeheuer witzig, als wir für unsere ältliche Mademoiselle dem Weckmann einen Zettel ins Maul einbakken ließen: »Wer warten kann – Kriegt auch 'nen Mann!«

Wieviele hundert Male bin ich an dir vorbeigegangen, du alte Kaserne! Auf meinem täglichen Schulweg. Aus den Fenstern lümmelten sich die Drillichjacken und pfiffen hübschen Mädchen nach. Auf dem großen Exerzierplatz, der offen an der Straße lag, nur durch eine Eisenstange abgegrenzt, ritten die Offiziere ihre jungen Pferde ein, und das schnarrende Kommando des wutschnaubenden Unteroffiziers reizte ebenso zum Zugucken wie das verzweifelte Beinwerfen der gedrillten Rekruten.

Ich bin selber oft in der alten Kaserne gewesen; zu Friedenszeiten freilich nur ein paarmal, als meine Schulgenossin, die Feldwebeltochter, mich heimlich mitschleppte, aber desto öfter in jenem großen Jahr, im Jahre Siebzig. Da lag die Kaserne voll von Verwundeten, meine Mutter pflegte darin, und die kleine Klara ging oft durch die Säle, half an schulfreien Nachmittagen den Nonnen den Kaffee, die Butterbrote austeilen und legte auch manchesmal dem todwunden Turko eine Traube zur Erquickung auf die Bettdecke. Als der Krieg zu Ende war, freilich nicht gleich nach Sedan, sondern erst lange nachher, wurde manches anders in Düsseldorf. Es wurde vieles gebessert auf Plätzen und Straßen, unser Schwanenmarkt zum Beispiel bekam einen Springbrunnen in seine Mitte, und das war mir damals das Interessanteste. Aber noch immer stellte man abends die Eimer mit Kehricht und Küchenabfall, die dann nächtlicherweile abgeholt wurden, draußen vor die Haustür. Noch immer fluteten die Rinnsteine breit, noch immer konnten wir ungestört Seilchen auf der Straße springen, Stelzenlaufen und Doppschlagen, und noch stieg allfrühjährlich, wenn die Eisschollen auf dem Rhein schmolzen, das Grundwasser in unseren Keller.

Dieses Wasser im Keller ist eigentlich meine fröhlichste Erinnerung an Düsseldorf. Wenn ich nachts aus meinem tiefen Kinderschlaf aufwachte geweckt durch dröhnende Kanonenschüsse vom Rhein her, dann freute ich mich; aha, jetzt waren die Eisschollen, die wir gestern noch fest wie vor Anker liegen sahen, ins Treiben gekommen. Ha, wie der Westwind blies! Er drehte alle rostigen Riegel, daß sie jammernd quietschten, er klapperte mit allen Läden und drückte gegen die Mauern, daß man sein Ungestüm bis mitten hinein in die Stube fühlte. Aber er war dabei mild, warm-lösend, er brachte den Frühling mit auf seinen Schwingen. Fort mit dem Eis, immerrunter den Rhein – krach, gegen die Schiffbrücke an – schwupp, jenseits ans flache Ufer, daß die Wiesen bald ganz unter Wasser standen. Die »Andere Seite« sah aus wie ein See; die Schiffbrücke war ausgefahren, sie hätte dem treibenden Eis nicht standgehalten, die Oberkasseler drüben waren ganz von der Stadt abgeschnitten.

Meist waren die Eindrücke der Düsseldorfer Wassersnot mir höchst erheiternde. Die Leute, die unten am Zolltor wohnten, hatten ihr Parterre preisgegeben und hockten in ihrem oberen Stockwerk. Da saßen sie nun wie gefangene Vögel im Bauer auf der obersten Stange, und das Futter mußte ihnen von außen durch die Fenster zugereicht werden. An langen Stöcken schwankten die Eimer mit Wasser, schaukelten die Körbe mit Kartoffeln und Brot. Ein Nachen kreuzte beständig in dem bedrohten Stadtteil. Bergerstraße, Flingerstraße, Bolkerstraße, Hunsrück-, Ratinger und Mühlenstraße und wie sie alle heißen, alle unter Wasser. Um den Jan Willem auf dem Markt spülten hochgehende Wogen, und selbst bis zur Alleestraße hin schwuppte die schwarze Tunke. Die Laternen, die man nicht mehr hatte ausdrehen können, brannten flinzelnd in den Tag hinein; auf schwankenden Laufbrettern stahl man sich von einem Haus zum anderen, die Straßenjungen patschten barfuß mit aufgekrempelten Hosen, die feinen Herren schlugen die Beinkleider um, und die Damen hoben die Röcke so hoch, daß man ganz genau wußte, wer dünne und wer dicke Waden hatte. Das Allerkomischste war mir aber, daß mein Vater, mein ernster Vater, in einen Nachen steigen und sich herunterfahren lassen mußte zur Regierung oben an der Mühlenstraße.

Bei uns am Schwanenmarkt kam die Magd wie eine Nixe aus dem Keller herauf; ihre nassen Kleidersäume tropften. Oh je, da konnte man nun nicht mehr herunter, selbst die Kartoffeln, die doch am höchsten lagen, waren schon bespült, das Sauerkraut schwamm bereits in seiner Ecke und hinten im Kohlenkeller stand eine schwärzliche Brühe. Die Kellertreppe herauf retteten sich die Ratten, die vom nahen Lopohl her leider immer die Nachbarschaft besuchten; entsetzt aufschreiend schlug ich einmal eine auf der Treppe tot. Aber es hielt uns weder das Ungeziefer, noch die Gefahr, gründlich naß zu werden, davon ab, in einer Waschbütte, mit zwei Holzscheiten rudernd, unten im Keller Wasser zu fahren. Es war uns zwar streng verboten; höchstens wurde uns gestattet, Nußschalen mit brennenden Wachslichtstückchen schwimmen zu lassen und an diesen kleinen Gondeln, die von der Treppe abstießen und bald wie märchenhafte Leuchten im fernen Dunkel des Gewölbes glimmten, unsere helle Freude zu haben.

BRIEF AUS DÜSSELDORF NACH MÜNCHEN
(1930)

10. Januar 1930

Nun, sind die Tage Dir nicht schön verflossen
In dieser wohlgeführten, freien Stadt!?
Und doppelt schön, weil, was wir hier genossen
Haben, uns gleicherzeit gestreichelt hat.

Wie jene Gassenbuben Räder schlugen!
Wie sich die Wellen rechts am Rhein betrugen!

Zwar: »Löwensenf« ist kein sehr schönes Wort,
Doch er und schwarzes Brot! – In hundert Stunden
Haben wir hundert Herrliches gefunden.

Geliebte Frau, nun denk Dich dort
Zurück an jenes zarte Wasserbrünnchen

Im Breidenbacher Hof. Ach Du bist fort
Und weit von hier und untendrein in München.

Ich küsse Dich mit weitgedachtem Rüssel
Aus Düssel.

DIE TAGEBÜCHER
(1939)

Freitag, 6. Januar 1939

Inzwischen sind seit dem 1. Januar dieses Jahres die Gesetze betr. die jüdischen Vornamen in Wirkung getreten. Ich muss dementsprechend bei allen geschäftl. u. behördlichen Transaktionen u. bei Anmeldung etc. mich mit Albert Israel bezeichnen, ebenso haben Elsa, Annemarie und Lore den Namen Sara unter allen Umständen zu führen. Ich habe dies bereits mehrfach in Briefen an die Commerz- & Privatbank sowie an das Finanzamt gethan. Ich warte nunmehr jeden Tag, daß ein neues Gesetz veröffentlicht wird, dem zufolge wir wie im Mittelalter den gelben Fleck auf dem Kleide tragen müssen, ebenso keine Eisenbahn u. Tram oder nur in besonderen Abteilungen benutzen dürfen, einzelne Straßen vermeiden u. unsere Häuser abgeben und nicht mehr mit Ariern zusammen wohnen dürfen. Von dieser letzten schon viele treffenden Massnahme ist bereits ohne Gesetz schon vielfach Gebrauch gemacht worden. So wurde den Juden, die seit Jahrzehnten in Häusern von christlichen Besitzern wohnten, die Wohnung gekündigt. Natürlich thun die christlichen Hausbewohner dies nur aus Furcht vor unliebsamen Weiterungen, wie ja überhaupt die Furcht und nicht die Abneigung gegen die Juden bei 90% der Mitbürger eine Rolle spielt. Es sind dies traurige Verhältnisse, und ich sehe noch weiteren Maßnahmen gegen Juden entgegen. Oft frage ich mich, wie in einem Rechtsstaat solche polizeiliche Anordnungen überhaupt denkbar sind, wie sie hier vorgekommen sind. So z.B. wird eine Nachwelt nicht verste-

179

hen, wie man von der hiesigen jüdischen Gemeinde verlangen kann, daß sie die Kosten für die Aufräumungsarbeiten bei der Inbrandsetzung und völligen Demolierung der prachtvollen hiesigen Synagoge, die nach einer Lesart 72.000. – nach anderer 24.000. – RM betragen, bezahlen soll. Ja, man zieht sogar, falls die Einbruchsversicherungen einen Ersatz für die in der Schreckensnacht vom 9./10. November 1938 zerstörten Häuser, Mobiliar etc. an den Geschädigten zahlen, diese Summe ein! Es ist kaum glaublich, aber es geschieht. In Folge dieser Vorkommnisse hat sich in den USA u. auch in England eine starke antideutsche Stimmung erhoben, von der wir allerdings nur hier soviel hören, als wir in unseren Zeitungen alle diese Erörterungen als von Juden inspiriert bezeichnen. Die beiderseitige feindliche Stimmung zwischen den autoritären u. demokratischen Staaten ist so stark, daß ich fürchte, daß es zu einem zweiten Weltkrieg u. damit zu einem Untergang des Abendlandes, wie in dem bekannten Buch vorausgesagt ist, kommen wird. Alle deutschen Zeitungen bringen jeden Tag mindestens 1 bis 2 Artikel mit Ausfällen über die Juden, u. die Stimmung wird dadurch stets bei dem nichtdenkenden Volke gereizter, während das denkende Publikum sich seine eigene Meinung macht.

Freitag, den 24. Februar 1939

Gestern, am 23. Februar, brachten die Düsseldorfer Neuesten Nachrichten im Handelsteil die kurze Notiz, dass unterm 21. ds. mit sofortiger Wirkung die Verordnung herausgekommen ist, daß die Juden innerhalb 14 Tagen vom Tage der Herausgabe dieser Verordnung, also vom 21. Febr. ab, sämtliche in ihrem Besitz befindlichen Wertsachen aus Gold, Silber, Platin, sowie Perlen und Edelsteine gegen Entschädigung abzugeben hätten,

u. zwar bei dem städt. Leihamt. – Es fehlte jeglicher weitere
Kommentar, u. auch die heutige Zeitung brachte ein solches
nicht. Annemarie ging deshalb heute morgen schon auf das
hiesige Leihamt, die aber absolut noch gar nichts wußten u. sie
auf die Devisenstelle verwiesen, die aber auch noch keine Aus-
führungsbestimmungen hatten u. ihr rieten, in etwa 3 Tagen
wiederzukommen. – Es wird also wie bei allen Maßnahmen
gegen die Juden gehen, daß bis zum allerletzten Tage die näheren Bestimmungen vorenthalten werden. Diese neue Verordnung ist ein neues Zeichen der Vergewaltigung der Juden,
nachdem wir erst vor wenigen Tagen die 2. Sühnezahlung ab-
geliefert haben. Ich erwarte nunmehr, daß den Juden in der al-
lernächsten Zeit auch ihre Häuser abgenommen werden. Ob
auch die für das deutsche Vaterland gefallenen Juden aus ihren
Gräbern entfernt werden? Die Maßnahmen gegen die Juden
bzw. die nichtarischen Christen sind jetzt so ungeheuerlich u.
die Zeitungshetze so maßlos, daß es nicht schlimmer mehr
werden kann, u. ich erwarte den Zeitpunkt, wo der letzte Nicht-
arier, u. darunter auch wir, von dem verhetzten Pöbel totge-
schlagen werden …

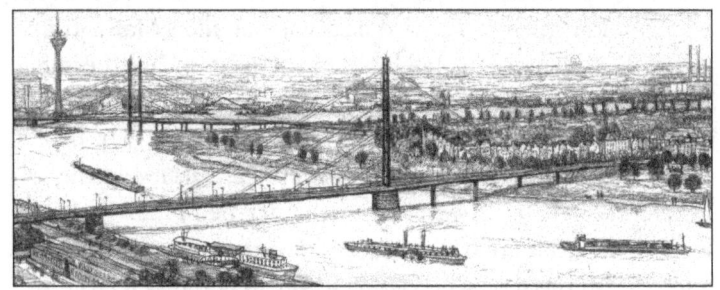

Düsseldorfer Brücken, Zeichnung von Editha Hackspiel, 1999.

DIE ZERSCHMETTERTE STADT.
AUS DEN TAGEBÜCHERN
(1944)

Gestern abend bei Sirenengeheul und Abwehrfeuer unter dem insektenhaft zudringlichen Summen vereinzelter Nachtbomber von Düsseldorf zurückgekehrt, – übrigens nach einer wahren Schlacht um den Omnibus, in den ich schließlich nur dank der breiten Schultern eines Soldaten hineinkam welchen ich richtig als eine Art Rammbock eingeschätzt hatte.

Viele Straßen waren noch durch Blindgänger und Bomben mit Zeitzündung gesperrt, andere lagen unter Bergen von Mauerwerk verschüttet und wiesen dazwischen riesige Krater auf, die zu Wasserquellen geworden waren und sickernde, gurgelnde Bäche durch das Geröll und in die Luken verlassener Keller ergossen. Wo Einstürze drohten, arbeitete man mit Feuerwehrleitern, Drahtseilen und Sprengpatronen, um vereinzelt stehengebliebene Mauern, Fronten und Giebel niederzulegen; es waren keineswegs Werke einer rühmenswerten Architektur, was da vollends zu Fall gebracht wurde, und doch hatte ich den Eindruck von etwas Menschlichem, das sich da gegen seinen Untergang stemmte. Obwohl durch ihre rauchgeschwärzten Fensterhöhlen schon die Öde witterte, blickten die steilen, aus dem Lot gedrückten und sich neigenden Giebel und die rissigen Fassaden wie mit einem tragischen Stolz in die Straße oder manche auch, in dem Pomp ihrer Scheinsäulen und Karyatiden aus den Gründerjahren, wie mit einem törichten Hochmut, aus welchem der Eigensinn längst toter Baumeister zu sprechen und noch wie aus Gräbern heraus gegen die alles zermalmende Zeit seine Entwürfe aufrechterhalten zu wollen schien.

Bei jeder Sprengung erhob sich über diesen Abbruchstellen der dicke Mulm als Staubbaum, doch lag ein Schleier von Kalkstaub und Branddünsten über der ganzen Stadt; denn vielerorts schwelte es noch in der Asche, rauchte es aus dem Schutt, schlug aus Kelleröffnungen ein heißer, gasiger Schwaden. Einzelne Wohngeviere hatte der mörderische Hammer so ineinandergeschlagen, daß nichts Lebendiges übriggeblieben war, um auf diesen Halden umherzuirren; auch fanden sich hier an den Mauersockeln und -stümpfen keine der Kreide-Anschriften, womit sonst überall die Geretteten erste Kunde von sich gaben oder mit der lakonischen Wucht einer einfachen Frage – »Paula, wo bist du?« – gleichsam ein Loch in die verschlossenen Qualhöhlen der Ungewißheit stießen. In minder vernichtend getroffenen Vierteln wimmelte es von Menschen, und zwar mit einer Betriebsamkeit, die der Zerstörung und Unordnung, deren sie Herr zu werden strebte, einen eigentümlichen Ausdruck von geistiger Zerrüttung mitteilte. Besonders die wartenden Tausende, die zur Evakuierung auf Lastwagen und in Omnibussen eingeteilt wurden – Frauen mit Kindern zumeist und Greise – bezeugten eine Art zoologischer Veränderung des Menschen und überschwemmten die Plätze mit Wogen von Lethargie.

Unter denen, die im Schutt nach den Resten ihrer Habe wühlten, fesselte ein schon älterer Soldat meine Aufmerksamkeit. Augenscheinlich hatte er soeben in dem Loch, wo früher sein Heim gewesen, ein umgestürztes Bücherbrett unterm Balkengewirr wiedergefunden; denn er holte wie Schätze aus einem Brunnen Band um Band hervor, reinigte sie oberflächlich und stapelte sie sorgfältig auf die Mauer, wobei er sich Zeit ließ, das eine und andere Buch einmal aufzuschlagen und ein Bild darin zu besehen oder einen Absatz zu lesen. Ich sah ihm lange zu. Nichts konnte fesselnder sein als das rasche Hinwegsinken aller Spannungen der Gegenwart auf diesen Gesichtszügen und ihre Abkehr nach innen, sobald sie sich über die Buchstelle neigten. Es war, als bekäme ich wiederholt ein aus dem Chaos auftauchendes geistiges Zeichen zu sehen, das mich des Ewig-Unzerstörbaren versicherte. Auch die Altstadt war wieder betroffen worden, und in einem jener mitten entzwei gerissenen Häuser, wo in dem offenen Geschachtel zerstörter und unzugänglich gewordener Wohnungen noch ein Bett, ein Waschtisch, ein Ofen am Abgrundsrande stand oder ein Wasserklosett mit den Errungenschaften der Zivilisation prahlte, hing auf versengter Tapete noch ein schwärzlicher Kupferstich im Rahmen: ein Bildnis Napoleons, das – gewiß nicht das einzige in diesen alten Häusern – wohl schon länger als ein Jahrhundert diesen Platz innegehabt und Gang und Wandel von Geschlechtern überdauert hatte. Mit was für Augen, so mußte man sich unwillkürlich fragen, mit was für Gedanken hinter seiner Eroberermiene mochte wohl der Kriegsherr auf diese Zerstörung blicken? Sah er sie kaltblütigen Sinnes, ohne der Leidenden zu gedenken, wie einen Naturvorgang, der Raum schafft für die Zukunft? Die Zukunft: diese Fata morgana menschlicher Pläne und Hoffnungen, der sich die Generationen entgegendrängen! Oder zögerte sein Geist schwermütig herüber von jenseits des Grabes, jenseits der Erfahrungen von Moskau, Waterloo und Sankt Helena, endlich satt des wilden Tatendranges mit seinem tragischen Anteil von Vergeblichkeit und für immer belehrt über das Mischungsverhältnis von Verfluchung und Segnung in den Werken des Ruhms ...? So müssen die Lebenden immer wieder die Toten befragen.

Ein paar Schritte weiter wurde ich Zeuge einer kleinen Szene, in der zum erstenmal eine Stimme des leid- und grimm-überfüllten Herzens zum Durchbruch kam, was bezeichnenderweise von Angriff zu Angriff seltener vorkommt; so furchtbar breitet sich unter einem wachsenden Druck von Angst die Lähmung der Hoffnungslosigkeit in den Menschen aus. Und zwar war es ein greises Weiblein, das sich so zu vergessen wagte, – eine von Baudelaires »kleinen Alten«, die kopfschüttelnd und Selbstgespräche murmelnd die Gasse getrippelt kam und mit alten, entzündeten Augen, denen sie nicht zu trauen schien, das Werk der Vernichtung betrachtete. Über der Eingangstür eines halb weggerissenen Hauses stand noch in einer Nische die Figur eines heiligen Nepomuk, vor der man sich allerdings wundern konnte, wie sie unbeschädigt geblieben war; sie mußte ursprünglich ein Brückchen beschützt haben, das hier über die Düssel führte, jenes Flüßchen, das der Stadt den Namen gegeben, jedoch war der Wasserlauf in neuerer Zeit unter die Straße verbannt worden und trat erst an eben dieser Stelle unmittelbar neben dem Hause aus seiner unterirdischen Haft wieder hervor, um jenseits eines Eisengitters seinen weiteren Lauf wie am Grund einer Schlucht zwischen engen hohen Häuserwänden dahin zu nehmen.

Das alte verschrumpelte Weiblein war neben mir bei dem Gitter stehengeblieben, hielt mit zittriger Hand, an deren Gelenk ein altmodischer »Pompadour« baumelte, einen der Eisenstäbe umfaßt und blickte unaufhörlich kopfschüttelnd und murmelnd mit ihren entzündeten Augen auf das ungewohnte Bild. Als sie dann aber den steinernen Nepomuk in seiner Nische gewahrte, schien das Maß dessen voll, was sie mit Kopfschütteln und Murmeln hinzunehmen imstande war. Sie stieß einen Schrei von überraschender Stärke aus, worin Verwunderung und Wut sich seltsam kreuzten. »Der Nepomuk!« rief sie aus, ließ das Gitter los und trat näher vor ihn hin.

»Ja, Nepomuk« – und es klang in ihrem weichen niederrheinischen Tonfall, als rede sie einen guten Bekannten an, den sie Ewigkeiten nicht mehr gesehen –, »lebst du denn überhaupt noch? Hast du das überstanden? Sag, hat die Welt sowas schon gesehen? ...« Und da er nicht antwortete, übernahm sie es, ihrerseits ihm eine Mitteilung in die Ohren zu schreien: »Der Satan hat das getan – der Satan!« rief sie zu dem Brückenheiligen empor, die zittrige Faust erhebend, und der Haß in diesen Worten, diesem Namen, die Wut, die Verzweiflung, so unerwartet aus einem doch schon altersmürben Körper und Herzen ausbrechend, hatten eine derartige Überzeugungsgewalt, daß ich die von so Vielen als »eine Hölle« bezeichnete Angriffsnacht wie ein mittelalterliches Bild vor mir sah: eine in Flammen stehende, unter Bomben- und Phosphorregen hinschmelzende Stadt, worinnen der Fürst des Bösen im Qualenkreis tausender Opfer seine höllische Orgie feiert.

31. Januar 1944

Mit Erika nach Oberkassel, um im Keller ihres halb geräumten, halb an Fremde vermieteten elterlichen Heims noch einigen Hausrat zu holen, den wir seinerzeit aus den Trümmern unsrer ersten Wohnung dorthin geborgen hatten. Schon ist im Wirrwarr der Umzüge und der Überfremdung des Hauses auch hier manches unauffindbar geworden.

Wir gingen eine Strecke am Rheinufer abwärts, wo Pioniere eine Schiffsbrücke vorbereiten, die im Notfall, wenn die große Rheinbrücke zerstört werden sollte, rasch eingefahren werden kann. Ein Stück innig vertrauten Weges unter den niedrigen Platanen der Uferallee, und von den Ruinen in der Häuserzeile zur Linken sich abwendend, ein beglückender Wiedersehensblick auf die offene, unzerstörbare, ewige Stromlandschaft mit ihren Wiesen, Weiden und Pappeln, die schon ein bräunlicher Knospenschimmer umleuchtete!

2. November 1944/Allerseelen, nachts

Trostlose Chronik: wieder ein Unwetter von Eisen und Feuer, zum wievielten Male sich über Düsseldorf entladend, und in unserem Städtchen ähnliche Zufälle wie gestern, Brandbomben im Garten und auf der Straße vorm Haus. Wieder Brände, glosend im Nebelrauch. Eben sah ich durchs Glas nach Düsseldorf hinüber: eine gigantische Rauchwolke entwickelt sich, in der es da und dort aufglimmt wie der Widerschein glühenden Magmas; der sinkende Mond beleuchtet die aufsteigenden Wolkenköpfe, das Wachstum stiller gewaltiger Ungeheuer.

Sich abwenden – tief und für lange; sein Haupt verhüllen mit Schlaf! ...

EIN MANN GEHT DURCH DIE STADT
(1945)

Sand zwischen den Zähnen. Sand in den Schuhen. Mörtelschutt. Staub.

Schmutz. Jeder Windhauch, bei so viel Sonne, wirbelt das hoch.

Quer im Rhein, zwischen Düsseldorf und Oberkassel, liegen die gesprengten Bogen der alten Brücke: Buckel einer grünen Schlange. Sperre. Gefährliche Strudel im Wasser. Ein Junge balanciert vom linken zum rechten Ufer über die Träger, rennt atemlos in die Keller der Kunstakademie. Weder die Deutschen noch die Amerikaner schießen auf ihn.

Düsseldorf liegt unter Artilleriefeuer. Kanonen gegen eine Stadt. Das ist mittelalterlich. Während dieser 7 Wochen werden rechtsrheinisch über vierzehnhundert Menschen getötet.

Die tote Stadt. Zweidrittel der Einwohner sind geflohen. In der Stadt standen an Straßen und in Parks 30 000 Bäume. 20 000 sind zerfetzt, verbrannt, zerschlagen, nackte Gerippe.

Im Hafen ist ein Schiff mit Sprit versenkt worden. Vorsichtig. Die Behörden funktionieren noch. Acht Menschen werden hingerichtet, einer wird öffentlich gehenkt. Im Januar fällt zweimal hoher Schnee, der Februar ist ohne Frost, das Barometer zeigt schönes Wetter an. 516 Menschen sterben durch »gewaltsame Einwirkungen«. Was bedeutet das? Amtssprache.

Im März besetzen Amerikaner Oberkassel. Durch Lautsprecher geben sie den Düsseldorfern bekannt, daß sie in den frühen Vormittagsstunden nicht schießen werden, damit die Frauen ihre Einkäufe machen können. Ein Amerikaner nimmt in seinem Quartier Bücher an sich. Souvenirs. Für die USA. Er schreibt seinen Namen in ein Buch von Herbert Eulenberg. Der Soldat muß dann plötzlich weg. Das Buch bleibt liegen. Ein Mann hebt es auf.

Am 17. April nehmen die Amerikaner mit 800 Mann und 8 Panzern ohne einen Schuß die erschöpfte Stadt. Wir sind frei. In der Stadtkasse sind noch 857 000 Mark. Reichsmark. Das Reich ist zerstört. Wir sind frei. Wer trägt die Schuld, wer zahlt die Schulden, die Schuld?

Ein Mann geht durch die Stadt. Er kommt aus einem Lager. Kriegsgefangener. Ehemaliger. Er saß hinter Stacheldrähten und sah ins Freie. Er wird nicht müde, in der Stadt umherzugehen. Es schießt nicht mehr. Er schläft auf einem Ding, das um 1920 eine feine Chaiselongue gewesen ist. Berg und Tal. Spiralfedern gesprungen. Wenn es regnet, muß der Mann Eimer und Schüsseln aufstellen. »Warum gehst du umher? Gibt es nichts anderes zu tun?« Er sagt (sich): Ich muß das ansehen, einsaugen, einbrennen, daß ich es niemals vergessen kann. Wie ich es im Krieg gemacht habe. Sehen und bezeugen.

Schon beginnt die Veränderung. Die Amerikaner verlangen, daß die Toten, die auf den Straßen (jawohl) und in den Trümmern liegen, um die sich keiner gekümmert hat, beerdigt werden. Sie befehlen, daß durch den Schutt schmale Fahrbahnen geschaufelt werden, damit sie mit ihren Jeeps umherfahren können. Keine Post. Theater und Museen geschlossen. Schon am 1. Mai öffnen die Sparkassen ihre Schalter. Der Frühling ist heiß und sonnig. Das Stadion ist von 400 Granaten getroffen worden; aber am 14. Mai wird das Schwimmbecken, Ende Mai das Feld für die Leichtathleten freigegeben. Es schießt nicht mehr.

18 000 Häuser sind zerstört. An einem Mauerstück hängt

ein Zettel: Wir leben noch. Zwanzig Zettel. Wo ein Stück Wand stehengeblieben ist: gekritzelte Nachrichten.

20 000 Soldaten aus Düsseldorf sind tot oder verschollen. Es gibt keine Rückkehr. 6 500 Menschen sind in der Stadt umgekommen oder werden vermißt. Unter den Trümmern. In den »Hausbüchern« (Name, hintersinnig genug) waren 6 346 Juden verzeichnet. Sie wurden im Osten schrecklich ermordet. 1465 Personen jüdischen Glaubens gelang es, nach England oder Obersee zu entkommen. Streue Asche auf dein Haupt, sagte das junge schöne israelitische Mädchen zu dem Mann. Und: Schalom. Das heißt: Frieden.

Wir sind frei. Im August findet das statt, was man die »erste Wohnungserhebung« nennt; im Dezember wird das Vieh gezählt. Beamte, Angestellte und Arbeiter der Stadtverwaltung gibt es genau so viele wie zu Beginn des Krieges. (Sieh an.) In Düsseldorf werden 2 000 Kinder geboren, 600 sind unehelich, 5 000 Menschen sterben.

Ein Mann geht durch die Stadt. Er sieht eine Frau auf der Straße in sich zusammenfallen. Sie ist verhungert, sagt der Arzt. Von 1 200 Lungentuberkulosen sterben 229. 45 000 Menschen leben in Bunkern. Die Stadt ist zur Hälfte zerstört, 158 Quadratkilometer. Zehn Millionen Kubikmeter Schutt. Jeder Windhauch wirbelt Sand, Mörtel und Staub auf. Es knirscht zwischen den Zähnen.

Im Juni werden die Amerikaner von englischen Truppen abgelöst. Sie verkünden im September ein Notprogramm für den Wohnungsbau. Sie schaffen Baumaterial auf Lkws der Armee heran. Sie verschenken 15 000 Kanadische Holzöfen. (Der Mann lernt die kurze dicke silberfarbene Röhre lieben: um sie baut er sein erstes Zimmer auf, eine Mansarde in einem fünfstöckigen Haus am Rhein.)

Eine merkwürdige Entdeckung wird gemacht. Die Stadt ist 243mal von Fliegern angegriffen worden. Aber es wurden vor allem Brandbomben geworfen. Die Stadt, die Häuser brannten aus. Aber das Unterirdische, die Leitungen für Wasser, Gas, Elektrizität, Telefon, die Kanäle blieben zum größten Teil unzerstört. Das Leben kann rascher anfangen als in anderen Städten.

In der Stadt beginnt ein fieberhaftes Gemache. An allen Ecken und Enden wird gearbeitet, als ginge es ums Leben. Es geht ums Leben. Ums neue Leben. Die zerstörten Hochwasserdeiche werden wieder aufgebaut und festgemacht. Die Krankenhäuser notdürftig gerichtet. Die Lieferung von Wasser, Gas, Elektrizität in Gang gesetzt. Ab 12. Mai erscheint das Nachrichtenblatt der Militärregierung: »Ruhrzeitung«, am 18. Juli die »Neue Rheinische Zeitung«. In die Trümmer der Rheinbrücke wird eine Fahrrinne gesprengt, die Einfahrt zum Hafen freigemacht. Das Alltägliche setzt sich fort: an städtischen Steuern und Abgaben werden 26,5 Millionen von den Düsseldorfern bezahlt. Aber auch: am 17. Juli wird das erste öffentliche Konzert veranstaltet, am 1. Oktober übernimmt Heinrich Hollreiser die Oper und das Städtische Orchester. Ab Juli gibt es wieder Schauspielaufführungen. Man geht zwischen aufgetürmten Trümmermauern hindurch ins Theater.

Der Menschen bemächtigt sich eine Art von Raserei. Jeder ist »unterwegs«, um irgend etwas irgendwo zu holen oder irgendwohin zu bringen. Glas für die Fenster. Holz, Mörtel, Gips, Farbe, Nägel, Faserplatten. Ein Waschbecken aus Porzellan, Blech, Eisen. Schrauben und Muttern. Bettgestelle, Decken. Da hat der Mann einen Koffer untergestellt. Dort sind Möbel in Sicherheit gebracht worden. (Gestohlen.) Da hatte man eine Schreibmaschine versteckt. Hin und her. In Zügen, an denen nur noch die Räder in Ordnung sind. Und überall auf den Straßen Menschenschlangen. Es geht ums Leben. Wir sind frei. Es schießt nicht mehr. Die Angst ist weg. Zu einem Teil.

Der Mann ergattert in einem Geschäft für 5 Mark einen eisernen Bottich. Der ist aus dem Kopf einer V 2 gemacht, sagt der Verkäufer. Im Vorübergehen hört der Mann zwei kleine Mädchen streiten: »Ich wette mit dir um einen Krieg, daß es so ist, wie ich es dir gesagt habe.« Um einen Krieg. In der Hunsrückenstraße, Nummer 13, ist ein einzelnes Haus schmalbrüstig stehengeblieben: die Kneipe »Fattys Atelier«. Unbeschädigt, unverändert. Walter Lemke tischt dort allabendlich seinen Freunden ein Süppchen auf. Pläne. Hoffnungen.

Überall in der Stadt, am hellichten Tag, an den Ufern der Düssel, laufen die Ratten umher, über die Straßen, in die Mülltonnen, in die Keller, durch die Trümmer, längs der Kanäle. Sie laufen nicht sehr schnell. Sie sind fett. Sie sitzen still und sehen die Menschen an. Frech. Sie scheinen bereit zu sein, anzugreifen. Sie vermehren sich im Unterirdischen der Stadt. Kein Feind gebietet ihnen Einhalt. Der Mann steht auf der Straße und sieht ihnen zu. Wie sie fressen. Wie sie sich zanken. Wie sie pfeifen. Wie sie sich beißen. Wie sie sich paaren.

Auf den Schuttbergen, in den Ruinen, auf den Mauern der ausgebrannten Häuser, überall siedeln sich Moose an, Gräser, Blumen, Sträucher, die Schößlinge der Birken. Vor allem Birken. Die Witterung ist günstig. Woher kommt all dieser Samen, der sich im Verwitternden festkrallt, keimt, wurzelt, aufgeht, blüht, das Wüste zu überziehen beginnt? Er ist da, er kommt vom flachen Land, vom Niederrhein, aus dem Grafenberger Wald. Er ist in der Luft, der Wind trägt ihn heran, der Wind streut ihn aus. Das Leben. Dort, wo die Bombengräber sind, wo die Leichen unter den Trümmern verwesen, wo der Zerfall die Mauern aufbröselt, Regen, Wind, Sonnenhitze, Kälte. Dieser Same ist früher auf den Asphalt gefallen und verkommen. Jetzt ist seine Stunde da.

In Derendorf gibt es eine alte Frau, die trocknet Blumen, Kräuter, Gräser, Blätter, eine Messerspitze zermahlene Menschenknochen (derzeit leicht zu haben), eine Prise getrocknete Kröte, Kot vom Hund und von der Katze, Harn vom Hengst. Dies Mittel hilft gegen alles, unerwünschte Schwangerschaften, offene Beine, gebrochene Liebesschwüre, blutende Herzen. Die Alte schlägt die Karten und weissagt die Zukunft aus der Hand. Die ganze Stadt spricht von ihr. Der Mann sieht, wie die Leute in ihr Haus schleichen. Wer weiß etwas vom nächsten Tag, Jahr, Jahrzehnt? Die Alte. Träume, Wünsche, Weissagungen.

Es gibt alles zu kaufen, was jemand haben will. Auf der Straße. In Häusern. Schuppen. Für teures Geld. Alles. Die Menschenschlangen vor den Geschäften warten auf das, was es auf die neugedruckten Lebensmittelkarten gibt: wenig, schlecht. Aber Butter, Eier, Käse, Brot, Margarine, Strophantin, Zigarren, Zigaretten, Schokolade, Schnaps, elektrische Geräte aller Arten, Insulin, alles, alles auf den schwarzen Märkten. Da keiner die geforderten Preise bezahlen kann (alles, was einen Wert hatte, gerät ins Wandern), versuchen die, die es können, selbst in den Handel einzusteigen. Ehrenwerte Bürger. Einer, unzählige fangen an, Schnaps zu brennen und zu verkaufen. Zehntausend Zigaretten, nur gegen bar. Mehl, Kartoffeln, Kohlen, Briketts? Sie können alles haben. Kommen Sie auf den Nordfriedhof, links, gleich hinter der Kapelle, wo der Engel aus Marmor steht. Der nur noch einen Flügel hat. Der Mann kommt. Keine Ware. Kinnhaken. Geld raus. Fort. Räuber. Es tun sich Räuberbanden zusammen, die »Hellweg«-Bande ist die schlimmste. Der Mann sieht, wie an einem Novembermittag einer Frau der Pelzmantel vom Leib gerissen, ihr Begleiter mit einem Schlag zu Boden gestreckt wird. Es ging blitzschnell. Ein Alptraum. Als man die Geschlagenen aufrichtet, sind die Räuber über alle Berge. 52 Menschen werden in Düsseldorf in diesem Jahr ermordet. Es geht ums Überleben. Jeder weiß oder ahnt es. Der Mann, der umhergeht, sieht es an jeder Ecke. Zum äußersten entschlossen. Die entlassenen Soldaten noch in ihrem Militärzeug, mancher mit einem POW auf dem Rücken, DDT-Puder in den Ärmeln und Hosenbeinen. Leben. Es schießt nicht mehr. Sie sind frei. Sie greifen nach der Freiheit, Sie wollen sie leibhaftig fühlen. Überall. Es wird wild geliebt.

Im Mai erhalten die Straßen ihre alten Namen zurück. Wie war es mit Heinrich Heine? Anfang Juni fahren die ersten Straßenbahnen. Die Fenster sind unverglast oder mit Brettern verschlagen. Sirengeheul scheucht die Bürger abends von den Straßen: Ausgangssperre. Es wird scharf geschossen. (Wieso?) Wir sind frei. Statistisch: 100 Männer können zwischen 172 Frauen wählen. Ende Juli kommt der erste Kohlenzug aus dem Ruhrgebiet zum Gaswerk. (Es wird en masse geklaut. Kardinal Frings erklärt solches Tun für sündlos.) Der Fährbetrieb zwischen Oberkassel und Düsseldorf wird wieder aufgenommen. Fünf einhalb Millionen Menschen werden über den Rhein gesetzt. Die Stadtverwaltung gibt bekannt: »Vor dem Zuzug nach Düsseldorf wird gewarnt.« (Der Mann, der in der Stadt umhergeht, in der er geboren worden ist, hat diesen Rat nie gehört.) Anfang August wird der Unterricht an den Schulen wieder aufgenommen. Etwa 1000 Lehrer beschäftigen sich mit der Bildung von 38 000 Kindern. An der Kunstakademie versuchen 122 Schüler von 10 Professoren etwas zu lernen. Ewald Mataré wird ihr Direktor. Englische Pioniere erbauen die Freeman-Brücke. Im Oktober wird im Hafen das erste Schiff mit Mehl entladen. Am 10. November ziehen (nach 7 Jahren) die

Kinder mit bunten Laternen durch die Stadt und singen ihre Martinslieder. Der Heilige zerteilt seinen Mantel. Was macht ein Armer mit einem halben Mantel? Die leeren Fenster in den toten Fassaden werden zu schwarzen Augen ohne Blick: Keine einzige Kartoffel in der Stadt, kein frisches Gemüse. (Neben dem Mann stand ein Maler namens Ensor. Die Kinder und eine solche Stadt, das hätte ich gerne gemalt, sagt er.)

Jeden Tag geschieht etwas Neues. Es wird versucht, die Vergangenheit zu klären. Frei nach Heißenbüttel: Ein alter Nazi schimpft einen alten Nazi einen alten Nazi. Rechnungen werden beglichen. Aber es schießt nicht mehr. Die Volkshochschule wird wieder eröffnet. Wolfgang Langhoff wird Generalintendant der Städtischen Bühnen. Düsseldorfs schönstes Denkmal, das Reiterstandbild des Kurfürsten Johann Wilhelm von Gabriel Grupello, kehrt in einem »feierlichen Festzug« aus einem Bergstollen in Gerresheim auf den Marktplatz zurück. Am 22. Dezember eröffnet die Tänzerin Hella Nebelung in einer halbzerstörten Villa (es war kein Haus, eben eine Villa) an der Hofgartenstraße ihre Galerie. Die Decken schwanken, wenn ein Fest gefeiert wird (voilà). Am gleichen Tag beginnt der Wiederaufbau der Oberkasseler Brücke. In die Pfeiler werden Sprengkammern eingebaut. Wieder. Noch immer. Es schießt nicht mehr. Am 28. Dezember rast ein orkanhafter Sturm mit Windstärke 11 über die Stadt hin. Einhundert Häuser stürzen ein, fünfzehn Menschen werden erschlagen. Der Mann geht durch die Stadt. Er sieht, wie eine Fassade zu wanken beginnt, schwankt und dann, ohne den großen gemauerten Zusammenhang zu verlieren, wie eine flache Hand auf die Straße schlägt und dort zerschellt. Der Mann schreibt in sein Notizbuch für 1946: pax, bonum et libertas. Wir sind frei. Es schießt nicht mehr. Es geht um den Frieden.

NACHKRIEGSBILANZ
(1946)

Es hat in Köln vor dem Kriege 250 000 Wohnungen gegeben, in denen 770 000 Menschen wohnten. Es gab Ämter und Behörden, Kaufhäuser und Kaffees, Kirchen, Theater und Hotels. Und manchmal machten sich die Kölner fein und fuhren nach Düsseldorf, wo es eine Art Kurfürstendamm gab, nämlich die »Kö«, die Königsallee. Wie elegant gekleidet waren dort die Leute und wie sie mit zierlich spitzen Fingern die duftende Kaffeetasse zu halten wußten! Und jedesmal waren die Kölner froh, wenn sie aus Düsseldorf dann wieder nach Hause kamen. In Köln faßte man derber zu, da war man herzhaft, aber weniger elegant, auch lachte man öfter und lauter. In Düsseldorf war alles neu, in Köln war alles alt: die Kirchen und das Lachen, die Männerchöre und der Karneval. Der Dom stand ruhig da, schaute auf das Treiben hernieder, und wenn er – nach Ansicht der jüngeren Generation – etwas übelnahm, dann dies, daß man ihn freigelegt hatte, damals, als die »Kölner Dom-Schwärmerei eine alldeutsche Sache war«.

Und was sagte gestern in Düsseldorf einer der dortigen fortschrittlichen Maler? »So hat nun also in Köln eine Domfreilegung größten Stils stattgefunden. Da sieht der Dom, so ohne Häuser ringsherum, ganz erstaunlich nakkicht aus.« Aber der Maler sagte dies nicht boshaft oder sarkastisch.

Überhaupt, in Düsseldorf hat gestern kein Mensch anders als im Ton sanften Mitleids von Köln gesprochen. Und eben dies hat mich schon ängstlich werden lassen. Denn so liebenswürdig beide Städte waren, hat es doch ehedem eine alte

Rivalität gegeben, die offenbar jetzt zum ersten Mal ihr Gleichgewichtsmaß verloren hat. Die Düsseldorfer sind mitleidig, die Kölner voller Zorn oder einfach traurig. Düsseldorf wurde Hauptstadt, und Köln liegt flach. Keine Ämter und Behörden mehr, keine Kaufhäuser und nur noch fünf Kaffees, keine Kirchen mehr, sondern nur noch Betsäle, in denen die ruhmvollen Organisten an einem lächerlich kleinen Harmonium oder am Klavier sitzen. Theater, die in der Universitätsaula oder sonstwo spielen, und nur noch drei Hotels, notdürftig hergerichtet, mit 73 Betten, nur noch sieben größere Speiserestaurants.

Was wäre da noch zu erreichen im Wettbewerb mit Düsseldorf! Daß Düsseldorf, die neue Hauptstadt, so bevorzugt wurde und vielleicht sogar bevorzugt werden mußte, das brennt den Kölnern auf der Seele. Jedoch, in diesem letzten Stadium der alten Konkurrenz, in dieser letzten Runde, da ward nicht mehr erwogen, was die eine Stadt gegenüber der andern an Vorzügen ins Treffen führen könnte, ehrwürdiges Alter oder junge Modernität, da ward nicht mehr bedacht, ob Köln begnadeter auf dem Gebiet der Musik oder Düsseldorf auf dem der bildenden Künste sei – oder was dergleichen echte oder vermeintliche Charakterunterschiede mehr gewesen sein mögen. Nein, hier entschied nur noch jene primitive, keineswegs auf geistige Imponderabilien sich stützende Berechnung, die für die deutschen Städte gegenwärtig allein ausschlaggebend zu sein scheint: die Rechnung der Zerstörungsquote.

Und diese Rechnung geht sehr ungleich auf: Düsseldorf hat 50 Prozent seines Wohnraums verloren. Köln, die meistzerstörte deutsche Großstadt, hingegen mindestens 80 Prozent. Düsseldorf hat – beklagenswert genug – die Hälfte von dem verloren, was es besaß; Köln hingegen ist, was sein materielles Dasein betrifft, eigentlich kaum noch vorhanden. Düsseldorf ist eine aufgeräumte Stadt, und dies – als die neue Hauptstadt – nicht nur im wörtlichen Sinne.

VERHAFTET
(1946)

Am 28. Februar 1933 ging ich nachmittags ins Theater, um nach dem Probenplan zu sehen. Der Portier sagte zu mir:

»Gut, daß Sie da sind. Sie sollen gleich zum Generalintendanten kommen. «

Ich ging ins Vorzimmer und wurde sofort vorgelassen. Iltz saß hinter seinem großen Schreibtisch.

»Bitte nehmen Sie Platz.«

Seine Hand spielte mit dem Brieföffner. Er blickte an mir vorbei zum Fenster hinaus auf die kahlen Kastanienbäume.

»Ich habe Sie zu mir kommen lassen, um Ihnen etwas zu sagen. Ich möchte Sie aber bitten, die Sache vertraulich zu behandeln. – Vor einer Stunde war die Polizei hier. Sie hat Sie gesucht.«

»Nanu! Warum?«

»Soviel ich verstanden habe, sind Sie politisch denunziert worden. Es scheint sich allerhand vorzubereiten. Haben Sie die Zeitungen heute gelesen? Seien Sie auf jeden Fall vorsichtig in den nächsten Tagen.«

Das kam mir nicht ganz unerwartet.

Ich war seit fünf Jahren als Regisseur und Schauspieler in Düsseldorf. Vier Jahre bis zum Tode von Louise Dumont im Schauspielhaus und seit einem Jahr am Stadttheater. Die Art meines Rollenfaches – jugendliche Helden und Charakterhelden – hatte mir im bürgerlichen Publikum einen großen Freundeskreis verschafft. Andererseits war ich auch der Düsseldorfer Arbeiterschaft nicht unbekannt, weil ich auf ihren Veranstaltungen rezitierte und mich überhaupt für ihre Bemühungen auf kulturellem Gebiet stark einsetzte. Ich studierte Gesangschöre ein, leitete Laienaufführungen und war der nationalsozialistischen Bewegung aus diesem Grunde verhaßt. Dann war ich auch noch der Mitgründer einer Gesellschaft, die allmonatlich einen sozial-wissenschaftlichen Vortrag veranstaltete. Dieser Gesellschaft gehörten linksgerichtete Ärzte, Architekten, Schriftsteller, Schauspieler, kurz, Vertreter der geistigen Berufe, an.

Diese Tätigkeit hatte mir von Seiten der Nationalsozialisten schon viele Angriffe eingetragen. Aber schließlich – wer wurde damals nicht angegriffen! Und da ich meine Weltanschauung im Rahmen der verfassungsmäßig garantierten Freiheit äußerte, konnte ich mir nicht vorstellen, daß sich für mich irgendwelche ernstere Komplikationen ergeben könnten.

Ich versprach aber Iltz, vorsichtig zu sein und mich für die nächste Zeit im Hintergrund zu halten.

Mit einem Kollegen, den ich vor dem Theater traf, ging ich dann nach Hause. Er hatte denselben Weg.

»Der Reichstagsbrandstifter verhaftet!« »Hitler und Goering am Tatort!« »Das Fanal der Kommunisten!« schrien die Zeitungsverkäufer auf der Königsallee und dem Hindenburgwall. Sonst war die Stadt merkwürdig still. Keine Ansammlungen, keine Gespräche an den Straßenecken … Ein Lastwagen, besetzt mit SA., ratterte über das Pflaster, der Altstadt zu…

»Ich werde heute nacht nicht zu Hause schlafen«, sagte ich zu meinem Freund.

»Ja, das wird vielleicht besser sein. Man kann nie wissen.«

Wir bogen in die Benratherstraße ein und sahen vor meiner Wohnungstür zwei Zivilisten. Als wir näher kamen, wandten sie sich ab und schlenderten langsam nach der nächsten Straßenecke.

»Weißt du was, ich gehe nur schnell herauf und verabschiede mich von meiner Frau. Wir treffen uns nachher im Café.«

Es war 5 Uhr nachmittags.

Meine Frau lag im Bett; nierenkrank. Ich sagte ihr:

»Hör mal, heute nacht werde ich bei Freunden schlafen. Im Theater war Polizei und jetzt eben habe ich vor der Haustür zwei Kerls gesehen, die mir verdächtig vorkamen.«

Mein Vater kam herein, und ich bat ihn, falls sich jemand nach mir erkundigen sollte, ihn für den nächsten Vormittag ins Theater zu bestellen.

Meine Frau, die starke Schmerzen hatte, regte sich natürlich sehr auf:

»Vielleicht ist es besser, du fährst überhaupt weg! Nach Berlin ... oder nach Frankfurt!«

In diesem Augenblick klingelte es an der Wohnungstür. Meine Frau fuhr erschrocken hoch:

»Um Gottes willen, nicht aufmachen!«

Das war natürlich Unsinn, denn ich hatte keinen andern Ausgang aus der Wohnung, und nachdem ich sie beruhigt hatte, ging ich selbst an die Tür und machte sie auf.

Die beiden Kriminalbeamten und zwei Polizisten standen davor.

»Herr Langhoff?«

»Ja. Und?«

»Kriminalpolizei. Zeigen Sie die Zimmer, die Sie bewohnen.«

Ich wollte in mein Arbeitszimmer vorangehen, als ein Schupo rief:

»Halt, Hände hoch!« und meine Taschen durchsuchte.

»Ich trage keine Waffen«, lächelte ich und der Beamte schnauzte zurück:

»Halten Sie Ihren Mund, bis Sie gefragt werden!«

»Vielleicht läßt sich die Sache auch in einem höflicheren Tone erledigen.«

»Seien Sie still, Sie! Sie kennen wir ganz genau, Sie!«

In meinem Arbeitszimmer mußte ich mich mit erhobenen Händen an die Wand stellen, während die Beamten meinen Schreibtisch durchstöberten, die Bücher vom Regal rissen, den Teppich hochhoben und die Tapete abklopften.

Dann tuschelten sie miteinander und hielten so eine Art Beratung ab. Das Telephon schrillte.

Der Kriminalbeamte in Zivil nahm den Hörer ab.

»Wie? –Jawohl, er ist zu Hause. Geht in Ordnung. Schicken Sie uns noch einen Mann, er hat zuviel Bücher, wir können sie nicht alle tragen.«

Und dann zu mir:

»Ziehen Sie sich an, Sie kommen mit.«

»Kann ich noch mit meiner Frau sprechen?«

Ein Polizist ging mit mir ins Zimmer meiner Frau. Sie saß aufrecht in ihrem Bett und starrte uns angstvoll an.

»Kommst du dann gleich wieder zurück?«

Ich sagte ihr, sie solle sich nicht zu sehr beunruhigen, auch wenn ich vielleicht die Nacht wegbliebe. Es könne sich ja doch nur um einen Tag handeln, am nächsten Abend müsse ich ja den Franz in den »Räubern« spielen und sie würden die Vorstellung schon nicht ausfallen lassen.

»Nimm dir Wäsche, Seife und Zahnbürste mit. Vater kann's dir zusammenpacken.«

»Zieh dir den dicken Pullover an«, sagte mein Vater. Und dann:

»Auf Wiedersehen, Junge!«

Wir gingen, zwei Beamte vor, zwei hinter mir, durch die

Straßen. Die Polizisten waren beladen mit den Büchern und Broschüren, soviel sie nur tragen konnten. Wir müssen eine merkwürdige Karawane gewesen sein. An den Ecken steckten die Passanten die Köpfe zusammen und machten sich auf uns aufmerksam. Wir gingen durch die engen Straßen der Altstadt, wo ich manchen Bekannten hatte.

Im Hof des alten Polizeipräsidiums war Hochbetrieb. Überfallwagen fuhren herein und hinaus. Polizisten rannten im Eilschritt aus dem Tor. Hunderte von SA-Männern standen in den erleuchteten Räumen zu ebener Erde. Sie trugen ihre braunen Uniformen und Gummiknüppel und Revolver am Gürtel.

Als ich in die Wachstube geführt wurde, kamen gerade zwei SA-Männer über den Flur und einer rief meinem Begleitpolizisten zu:

»Schieß doch das Arschloch über den Haufen, dann hast du nicht so viel Scherereien!«

Mein Polizist lachte nur verlegen.

Nachdem man mir Hosenträger, Taschenmesser, Streichhölzer, Geld und meine Ausweispapiere abgenommen hatte, wurde ich in eine Zelle gesperrt, in der bereits sieben oder acht Mann saßen. Es brannte kein Licht und ich konnte in der Dunkelheit niemanden erkennen.

»Achtung tritt nicht auf den da!« rief mir einer aus dem Dunkel zu, als ich über jemanden stolperte, der auf dem Fußboden lag.

»Der ist bloß besoffen«, hörte ich die Stimme wieder. »Setz dich. Wir rücken was zusammen. Wer bist du?«

Ich nannte meinen Namen.

»So, du bist der Langhoff! Dich habe ich schon in der Tonhalle vortragen hören«, meinte einer.

»Wir sind aus Gerresheim, wir vier Mann. – Sie haben uns

gestern nacht beim Plakatkleben erwischt. – Und der Alte, der da neben dir sitzt, den haben sie verhaftet, weil sie Flugblätter bei ihm gefunden haben. Wenn du mit ihm sprechen willst, mußt du laut schreien, der ist nämlich schon fast taub und über siebzig. – Eine Gemeinheit, den alten Mann zu verhaften!« Ich ärgerte mich, daß ich nichts zu rauchen hatte und sagte meinen Gefährten, daß die Kriminalbeamten meinen Vater verhindert hätten, mir noch etwas zu holen.

»Eine Kippe kannst du mit uns rauchen«, sagte einer der vier Gerresheimer und steckte einen Stummel an. Die Streichhölzer zog er aus seinem Stiefel und den Stummel hatte er im Hosenbund versteckt.

»Ist zwar nicht sehr appetitlich«, dachte ich, »aber – mitgefangen mitgehangen« – und machte meinen Lungenzug, als die Reihe an mir war.

»Was? Das hättest du dir sicher auch nicht träumen lassen! Mal unter Proleten in einer Zelle zu sitzen!«

Es befremdete mich ein wenig, daß sie mich gleich mit »Du« ansprachen, und ich suchte nach einer richtigen Antwort.

»Man muß doch alles einmal kennen lernen, nicht?«

»Richtig, das kann niemandem schaden. Das mußt du dann mal auf dem Theater spielen! Das wäre ein interessantes Stück, was?«

In dieser Nacht wurden noch zwei Mann aus Benrath eingeliefert. Wir saßen also zu zehnt in der engen Zelle. Sie war zwei Meter breit, fünf lang. Alles aus Stein. Boden, Wand und Decke, – ein schmaler, steinerner Schlauch. In der Wand ein Eisenring, für die, die an Ketten geschlossen werden.

Allmählich verstummten die Gespräche. Es wurde still. So still, daß ich mein eigenes Herz klopfen hörte …

Am kleinen Gitterfenster wird es hell. Fünf oder sechs Uhr. Ich erkenne meine Mitgefangenen, die in zusammengesunkenen Schlafstellungen dahocken. Wie in einem Eisenbahnabteil. Neben mir sitzt der Siebzigjährige mit weitgeöffneten Augen und rührt sich nicht. – Ob der mit offenen Augen geschlafen hat? – Wie ärmlich alle aussehen! Fast keiner trägt einen Kragen, die Jacken sind abgeschabt und zerschlissen. – Für die wird das sicher gar kein so großes Ereignis sein, eine solche Verhaftung. – Die kennen das schon. – Um sieben Uhr wurde aufgeschlossen und der Wachtmeister führte uns nacheinander in den Waschraum. Dann bekamen wir jeder einen Becher Kaffee und ein dickes Stück trockenes Brot.

»Na, probiers mal«, dachte ich – »wenn du raus kommst, wirst du sowieso ordentlich frühstücken! Das ist sicher. Mit Butter und Milch.«

»Fertig machen zum Weitertransport!«

Namen wurden verlesen, darunter auch meiner. Draußen im Hof stand die »grüne Minna«, der Gefängniswagen. Wir waren zwanzig oder fünfundzwanzig Mann.

Wir standen eng gedrängt im Wagen und in den Kurven stießen wir die Köpfe aneinander.

»Kinder, habt ihr eine Ahnung wo die mit uns hinfahren?«

»In die Schupokaserne! Da sind wir doch schon mal gewesen. Bei der letzten Massenverhaftung.«

Wir versuchten durch ein kleines vergittertes Fenster am Führersitz hinauszuschauen. Der breite Rücken des Fahrers war aber davor, wir konnten nichts sehen.

»Hört mal, wir müßten doch schon längst in der Frankenstraße sein. Es geht nicht in die Kaserne! – Paßt auf, die bringen uns auf die Ulmer Höh'!«

Sofort wurde es still.

Die Ulmer Höh' ist das Düsseldorfer Gefängnis.

»Verflucht, wenn die uns in den »Bau« bringen, dann behalten sie uns auch länger.« –

Der Wagen hielt, wir flogen durcheinander. Draußen wurde eine eiserne Tür aufgeschlossen – wir fuhren weiter – also, Gefängnis.

Im Hof. »Alles aussteigen!«

»Na Gustav, da wären wir ja mal wieder!«

»Schnauze halten!« rief der Kriminalbeamte in Zivil, der uns begleitet hatte.

Wir wurden nicht durch den Haupteingang geführt, sondern durch eine kleine Tür in einen großen, dunklen Flur.

Ein verschlafener, griesgrämiger Gefängniswärter zählte uns nochmals ab, ehe er die nächste Eisentür aufschloß. Dabei zählte er aus Versehen den Kriminalbeamten mit. Der wurde wütend und schrie ihn an:

»Sperren Sie gefälligst Ihre Augen auf! Sie wissen doch, wer ich bin!«

»Ich verbitte mir den Ton«, fauchte der Gefängniswärter zurück.

»Recht so! Sperren Sie den Meier nur ruhig mit ein! Dem kann's auch mal nicht schaden«, lachte einer der Gefangenen.

»Halten Sie Ihr Maul, Sie dreckiger Kaffer!« schrie der Kriminalbeamte.

Noch zweimal wurden Türen geschlossen und dann kamen wir in einen größeren saalartigen Raum. In dem standen schon einige Verhaftete und begrüßten uns mit Hallo.

»Das muß doch der Schulsaal sein«, dachte ich, denn ich kannte die »Ulmer Höh'«. Allerdings nicht als Gefangener.

Für uns vierzig Mann war der Raum entschieden zu klein. Ich war aber trotzdem froh, daß man mich in keine Zelle gesteckt hatte, denn nach der gestrigen Nacht wollte ich von Zellen nichts mehr wissen. Auch gab es in diesem Raum vier hohe Fenster, die aber weiß angestrichen waren, so daß man nicht hinausschauen konnte. In der Mitte stand ein schmaler langer Tisch mit zwei Bänken. Das war die einzige Ausstattung dieses Schulsaales. Sonst war er vollkommen leer. Wenn man hereinkam, sah man in der linken Ecke ein Gestell, – eine Art Paravent aus Leinentüchern. Dahinter war der Abort: für uns vierzig Mann zwei Sitzkübel und noch drei am Boden stehende Kübel.

Ich blickte nur flüchtig hinter den Vorhang und fuhr zurück: nie, nie wirst du dich auf so einen Kübel setzen! Ausgeschlossen! – Weshalb hat man mich überhaupt hier ins Gefängnis geschleppt! Sie hätten mich doch auf der Polizeiwache lassen sollen. Jetzt sitze ich hier und womöglich finden sie mich gar nicht so schnell, wenn sie mich vernehmen wollen!

Hände in den Hosentaschen, Zigaretten im Mund, standen die Arbeiter schwatzend und lachend herum.

»Menschenskind, ich hab' mordsmäßiges Glück gehabt! – Stell' dir vor – in meiner Brieftasche waren noch die ganzen Parteimarken. Ich bin Unterkassierer, weißt du! Der Bulle, der mir gestern abend die Tasche abgenommen hat, hat sie mir heute morgen wiedergegeben und nicht einmal reingeguckt! Und jetzt hab' ich unterwegs die Marken verschwinden lassen! Ich hab' sie gefressen. – Mir kann keiner mehr was wollen!«

»Rot Front, Heini! Haben sie dich auch geschnappt? Jetzt ist bald ganz Derendorf da!«

»Jungens, habt ihr den Langhoff gesehen? Ach, da steht er ja! Was sagt ihr dazu, der muß theaterspielen, heute abend!«

»Na ja, den lassen sie raus. Den müssen sie ja rauslassen! Aber uns behalten sie mindestens drei Tage!«

»Was denn: drei? – Heute haben wir den ersten März, am fünften ist die Wahl. Du glaubst doch nicht, daß sie dich wählen lassen?!«

»Oho! Das wollen wir mal sehen! Die müssen mich wählen lassen – sonst ist die ganze Wahl ungültig!«

»Na, na, abwarten! Ich glaub' nicht, daß sie uns diesmal so schnell wieder nach Haus schicken wie im Januar.«

»Miesmacher!« –

BEGEGNUNG MIT OTTO PANKOK
(1959)

Ich befand mich schon seit einiger Zeit in Düsseldorf, und jene erste Entdeckung [des Werkes Otto Pankoks] schlummerte noch in den tiefen Schichten meines Seins, als mir jemand – ich erinnere mich noch gut an den Namen: es war die Musiklehrerin Hanna Schultze – eines Tages sagte, daß sie Otto Pankok, leicht erkennbar an seinem Aussehen und seiner ungewöhnlichen Größe, auf der Straße habe vorbeigehen sehen.

Diese Nachricht war für mich eine Überraschung mit eigenartigen Wirkungen, als habe eine magische Hand unversehens einer Sache Form und menschliche Umrisse gegeben, die bis dahin in einer für mich nicht erreichbaren Ebene ihre Schwingungen fortgesetzt hatte … Ich hatte mir von ihm ein festumrissenes Bild gemacht, das jedoch keinen bestimmten Ort in Raum und Zeit innehatte. Als er jetzt in den leicht hingeworfenen Worten jener Frau für mich auf einmal zu einem Menschen aus Fleisch und Blut wurde, fühlte ich den Wunsch in mir erwachen, ihn zu sehen und kennenzulernen.

Das erste Mal besuchte ich ihn Mitte April (eine lange Eintragung in meinem Tagebuch gibt als Datum den 15. April 1939 an und bezieht sich ausführlich auf diesen Besuch). Ich hatte vorher mit ihm telefoniert. Er empfing mich in seinem bescheidenen Einfamilienhaus in der Brend'amourstraße 65, wo er mit seiner Frau Hulda und seiner Tochter Eva wohnte. Er selbst öffnete mir die Tür und führte mich in das Wohnzimmer mit dem Blick auf die Bäume im Garten. Er war ein großer und majestätisch wirkender Mann mit einem klaren

Gesicht und einem dichten grauen Bart. Schweigend blickte er mich an und lauschte meinen Worten, als wolle er auch meine geheimen Gedanken erfahren ... Aber es war schwierig für mich, über jene Mauer des Schweigens zu gelangen, und ich begann schon, mich unbehaglich zu fühlen, als seine Frau erschien und die Unterhaltung leichter und lebhafter wurde. Ich nannte die Namen von Whitman, Gandhi und Gorki, und sie waren es, die mir den Zugang zu ihrer beider Herzen erschlossen und jedes Mißtrauen zerstreuten.

FLUG ÜBER ZECHEN UND WÄLDER
(1970)

Die Stadt am Rhein – andere sagen: an der Düssel –, die man die gute Stube des Reviers nennt, den Schreibtisch des Reviers, in der das Geld verwaltet wird, das im Ruhrgebiet verdient wird, hat mit dem Ruhrgebiet selbst nichts mehr zu tun. Und sollte es jemandem einfallen zu sagen, Düsseldorf gehöre zum Ruhrgebiet, der wird von einem Düsseldorfer mit einem Blick niedergeschmettert; zu Recht? Düsseldorf, nicht weit vom Ruhrgebiet, ist, wenngleich auch bedeutende Industriestadt, doch die Stadt Nordrhein-Westfalens, die mit Schönheit und Kunst am meisten in Verbindung gebracht wird. Die Bürger der Stadt streiten heute noch darüber – und heftiger denn je – ob ihre Universität nach dem großen Sohn dieser Stadt, nach einem Dichter, nach Heinrich Heine benannt werden soll oder nicht.

Dieses lange vergessene Fischerdorf am Rhein mit seiner heute noch oder wieder gemütlichen Altstadt, erlangte erst Bedeutung durch »Jan Wellem«, den prachtliebenden Kurfürsten Johann Wilhelm II, und erst die 1767 gestiftete Akademie machte Düsseldorf zu einem Kunstzentrum. Eine verhältnismäßig junge Stadt also! Aber erst das Industriezeitalter machte Düsseldorf zu dem, was es heute ist: Sitz von Verwaltungen, Sitz von Wirtschaftsunternehmen, Sitz der Börse. In der Breiten Straße konzentrieren sich die Banken, das Wilhelm-Marx-Haus war Deutschlands erstes Hochhaus. Das Theater begann im Grunde genommen erst im Jahre 1905, mit Lindemann und Luise Dumont, später durch Gründgens und Stroux erlangte es Weltruf.

Und natürlich die Königsallee, Düsseldorfs Prunkstück! Es soll versnobte Leute geben, die ein halbes Jahr hungern, nur um ein Kleidungsstück kaufen zu können, in dem ein Etikett eingenäht ist, das einen Laden auf der Königsallee ausweist.

Man hat den Eindruck, selbst die Industrie dort wäre vornehmer, weniger rustikal als im Ruhrgebiet und auch nicht so laut und nicht so schmutzig. Das ist sichtbar allein schon an den Fabrikfassaden; alles atmet vornehme Zurückhaltung, Distinguiertheit. Viele Menschen des Reviers fahren zum Wochenende nach Düsseldorf – falls sie nicht die freie Natur vorziehen –, nur um einmal vornehme Luft zu schnuppern, nur um einmal vornehme Geschäfte von außen zu betrachten. Wo gibt es noch solche Atmosphäre? In Paris, natürlich, in Paris. Und Düsseldorf vergleicht sich damit. Hochstraßen, dem Rotterdamer Muster nachgebaut, verbinden Vorstädte mit der Innenstadt, mit der Berliner Allee. Was wäre Düsseldorf ohne seine Brücken und ohne seinen Rhein? Sie gehören zu dieser Stadt, wie die Rheinpromenaden, wie der Hofgarten. Es gehört Selbstbeherrschung dazu, von Düsseldorf zu sprechen und nicht ins Schwärmen zu kommen. Ich kenne ein paar Leute, die Düsseldorf nicht kennen als Stadt, die nur die Altstadt kennen, dieses Gewinkel, diese herrlichen Gaststätten, dieses Leben darin, das schon am Vormittag einsetzt wie anderswo vielleicht am vorgeschrittenen Abend. Von hier aus, von Düsseldorf, wird das Land Nordrhein-Westfalen auch regiert, Landeshauptstadt, und meines Erachtens bringt Düsseldorf alles mit, was zu einer Regierungsstadt gehört: Großstadtatmosphäre, Gediegenheit, Jugend und Tradition, konservative Bürger, auf Erhalt bedacht, und stürmischen Fortschritt.

AM RHEIN ODER AN DER KÖ GELEGEN?
(1974)

Wenn in einem gängigen Wort behauptet wird, Düsseldorf liege nicht am Rhein, sondern an der »Kö«, der achthundert Meter langen und zusammen mit der in der Altstadt in den Rhein mündenden Düssel achtzig Meter breiten Einkaufs- und Bankenstraße, der Düsseldorf den Ruf des »Klein-Paris« verdankt, so stimmt es nach den Planungen seit 1945 nicht mehr.

Wer zur Kirmes abends von Köln mit dem Schiff ankommt und hinter der schrägen Seilverspannung der Kniebrücke das leuchtende Riesenrad über den Lichtern der Buden auf den Oberkasseler Wiesen, auf denen der Rhein bei Hochwasser über einen Kilometer Breite einnimmt, sich drehen und die angestrahlte Altstadt sieht, erlebt Düsseldorf als Rheinstadt. Am Rheinufer stellt sich der Düsseldorfer Rosenmontagszug auf, der auf langer Strecke am Rhein entlang zieht, anders als in Köln und Mainz. Wenn der Maler Joseph Beuys, der in Übertreibung aller selbstironischen Düsseldorfer Übertreibungen das Wichtigste der Stadt in ihrer Charakterlosigkeit sieht und mit seinem Propagandagespür sich im Einbaum in romantischer Begleitung übersetzen läßt, dann weiß er, was den Düsseldorfern der Strom trotz dessen in die Altstadt eindringender Gerüche bedeutet.

Die Lambertuskirche, die Gruftkirche der bergischen Herzöge mit dem schiefen spitzen Turmhelm von 1815, dem bedeutenden spätgotischen Sakramentshaus und einer modernen Bronzetür von Ewald Matare, der vom Schloß der Kurfürsten übriggebliebene Schloßturm gleich am Pegel, an dem seit 1817 die Wasserstände abgelesen werden, und auch das Rathaus stehen näher am Ufer als der Kölner Dom. Das Mannesmann-Hochhaus Schneider-Eslebens am Ufer neben dem klassischen Verwaltungsbau des Baumeisters Peter Behrens, das von der Glas-Stahl-Konstruktion des Dreischeibenhauses von Hentrich am Hofgarten übertroffen worden ist, betont die Uferfront neben dem zu klein gewordenen Hafen, der seltsamerweise auf gleicher geographischer Breite wie der gegenüberliegende Neusser Hafen liegt, da der Rhein in der Düsseldorfer Schleife ein Stück fast nach Süden zurückfließt. Was für Düsseldorfs Industrie zur Weltmarke geworden ist, die Waschmittel der Henkel-Werke und die nahtlosen Mannesmann-Röhren, durch die in der halben Welt alles fließt, was flüssig und gasförmig ist, gibt sich dem Rheinfahrer abwärts Schloß Benrath zu erkennen, bevor er die hundertfünfzig Meter hohen Schornsteine des Kraftwerks mit den hundertfünfzehn Meter hohen Pylonen der Kniebrücke vergleicht.

WIRKLICHKEIT DES THEATERS
(1977)

Ich bin nach Düsseldorf gekommen, um Düsseldorfer Theater zu machen: mit Düsseldorfer Künstlern und aus der mir so vertrauten Düsseldorfer Atmosphäre heraus. – Ich kann es auch anders formulieren: ich habe zehn Jahre Kunst gegen etwas gemacht, ich sehne mich danach, Kunst für etwas zu machen. Ich habe, verstanden von dem großen Kreis der Menschen, die mit mir künstlerische Fühlung hatten (und das beschränkt sich bei mir nicht auf den Sänger und Schauspieler allein, sondern das umfaßt für mich jeden Menschen, der am Theater mitarbeitet), ich habe, von diesen verstanden, aber auch von vielen Außenstehenden mißverstanden – ich kann sagen, zu meinem Glück mißverstanden –, in vielerlei Tonarten musizieren müssen, um die mir anvertrauten Menschen heil über die Zeit zu bringen. Meine größte Hoffnung ist es, Ihnen hier meine Kunst nun in breitem C-dur vormusizieren zu dürfen.

Ich bringe Ihnen kein Programm, wie könnte ich das. Sie wissen, daß ich ein Praktiker des Theaters bin, und ich bin stolz darauf. Programme haben immer etwas Abstraktes, Theoretisches, wenn sie nicht in ruhiger, verständlicher Zusammenarbeit mit allen, die mit diesem Programm befaßt werden sollen, entstehen: also – mit dem gesamten Personal der Düsseldorfer Bühnen und mit dem Volk, für das wir Theater machen wollen. Ich bringe kein Programm, aber ich bringe Ihnen mein Talent, meine Arbeitskraft, meine Erfahrung, meinen ernsten Willen zur Kunst – zu einer Kunst, die sich nie wie ich hoffe, in luftleerem Raum verlieren wird, die nie Selbstzweck werden soll, sondern aus den Gegebenheiten, die ich hier vorfinde, langsam ihr Gesicht bekommen muß. Ich glaube, daß ein Theater an die Umwelt gebunden ist, in der es steht, daß die Landschaft es ebenso beeinflußt wie die Menschen, die in ihr leben. Wie ich das dogmatische Theater ablehne, das Theater des erhobenen Zeigefingers, so hasse ich das esoterische, abseitige, das eigenbrödlerische Theater, jedes Theater, das sich auf Kosten des Volkes interessant machen will. Die Schule, die unser Volk, und gerade die Menschen unserer näheren Heimat, durchmachen muß und soll – und hoffentlich erfolgreich durchmacht –, ist so hart und bitter, daß die Aufgaben des Theaters heute wesentlich darin liegen müssen, dem Volk bei dieser Arbeit zu helfen, ihm zum Trost und zur Stärkung die menschlichen Werte an die Hand zu geben, die große Genien der Welt ihm geschenkt haben, und zum anderen es zu entspannen, es anmutig und heiter zu entspannen. Von diesem Grundsatz abgesehen, scheint mir das Theater heute, neben der selbstverständlichen Pflege der großen Dichtung der Weltliteratur, drei entscheidende Aufgaben zu haben: eine Wiedergutmachung an den dichterischen Werten, die in den letzten Jahren zum Schweigen verurteilt waren; eine Vermittlung der Fortschritte, die die dramatische Kunst in der Welt inzwischen gemacht hat und die wir aus unserer Klausur heute oft ganz falsch beurteilen; und (zum dritten), die Suche nach dem neuen Klang, nach dem neuen Dichter der aus unserer Mitte wachsen wird. Um das zu erreichen, werde ich auch vor der Annahme von Werken nicht zurückschrecken, die in ihrer äußeren Form noch nicht vollkommen sind, an deren innere Wahrhaftigkeit ich aber glauben kann.

Glauben Sie mir, daß es mich tief bewegt, auf der Bühne dieses Hauses zu stehen – zum ersten Mal –, von der ich meine ersten Eindrücke vom Theater überhaupt empfing; des Theaters, in das ich mich – trotz aller elterlichen Verbote – immer wieder einschmuggelte, erregt und von dem Zauber umfangen, dem ich dann später ganz verfallen sollte. Erst einige Jahre später hatte ich dann die Begegnung, die für mein ganzes künstlerisches Leben entscheidend werden sollte: die Begegnung mit Luise Dumont und Gustav Lindemann, und die Begegnung mit der lauteren Persönlichkeit Peter Essers. Die Unbeirrbarkeit, mit der Luise Dumont und Gustav Lindemann in den Wirren dieser Zeit – allem Neuen weit geöffnet – keinen Zentimeter künstlerischen Bodens preisgaben und gerade mit dieser Konzessionslosigkeit im Künstlerischen ihr Publikum an sich fesselten, war mir eine unvergeßliche Lehre und der nie widerlegte Beweis für die Macht der Kunst, an die man nur fest glauben muß und an die allein wir uns halten sollen, um auch für den eigenen Weg Kraft zu finden. Es waren auch damals stürmische Zeiten, in denen ich das entscheidende Theatererlebnis hatte und wir Schauspielschüler oft genug hinter den Bäumen der Alleestraße lagen und unsere Sprechübungen machten, wenn über und um uns die Kugeln pfiffen, mit denen sich eine verwirrte Bevölkerung bekämpfte.

Wie viele von Ihnen wissen, habe ich in den Jahren meiner Entwicklung immer wieder den Weg nach Düsseldorf gefunden, um meiner Heimatstadt etwas von dem zu zeigen und zu vermitteln, was ich draußen gelernt hatte.

Wenn man mich in diesen Tagen fragt – und man tut es immer wieder –: »Wie sind Sie darauf gekommen, nach Düsseldorf zu gehen«, so ist meine Antwort: »Ich bin gar nicht darauf gekommen, Düsseldorf ist darauf gekommen.«

DÜSSELDORF UND DER DÜSSELDORFER
(1985)

Die Stadt hat eine sichtbare Stärke, kein Dom überragt die Gegenwart. Ihre Schwäche – sie weiß nicht, daß es ihre Stärke ist. Sie hegt rührende, kleine Traditionen – und hält sich bei Heinrich Heine raus. Sie würde sich selbst umgraben, um ein römisches Mosaik zu finden – und hat noch nicht zur Kenntnis genommen, daß sie als mitteleuropäische Metropole der Gegenwartskunst gilt.

Domstädte, zum Beispiel, prägen ihre Bewohner. Eine Stadtmauer, ein Ring umgibt sie, oft auch noch im 20. Jahrhundert, ob sie es nun wissen oder nicht wahrhaben wollen. Der Belagerungszustand, den Zugereiste vor den geistigen Toren einer solchen Stadt jahrelang einnehmen müssen, dauert oft Generationen.

Nichts davon trifft für Düsseldorf zu. Von Landschaft und Geschichte zur offenen Stadt erklärt, empfängt sie den Umsiedler mit ausgebreiteten Armen. Unwichtig, ob der Ur-Ur-Großvater mit dem volkstümlichen Komödienhelden Schneider Wibbel à la Vôtre geprostet hat, ob ein gedachter Ahne 1288 in der Schlacht bei Worringen – wo sich die Düsseldorfer ihre Stadtrechte erkämpften – dem Kölner Erzbischof das Fürchten lehrte. Man wird nie danach gefragt. Laß sehen, was du kannst! Zeig, wie du bist! – In Ordnung, genehmigt, Düsseldorfer! Nicht die Stadt prägt ihre Bewohner, hier prägen die Bewohner die Stadt.

Allzuleicht macht sie es einem nicht. Ausgebreitete Arme sind gestreckt, sie können nicht hätscheln. Kein zärtliches

Streicheln tröstet über anfängliches Fremdeln hinweg. Offene Städte sind keine nestwärmenden Glucken. Sie sind ein Angebot. Ich kenne Leute, die noch Monate nach einem trompetenschmetternden Einzug vor Einsamkeit mit einer Gänsehaut frieseln. Wie ich es sehe, gibt es keine Cliquen, die einen aufnehmen, vereinnahmen. Menschen sind da, wenn man sie braucht, aber sie wollen aufgerufen sein. Für einen Abend ist das kein Problem. Düsseldorfs Altstadt, diese berühmte lange Theke ist ja da. Man ist mittendrin, nicht einsam, wenn man es nicht gerade sein will.

Wo in Pöseldorf »Täglich frische Austern« steht, schreiben sie in Düsseldorf »Täglich frische Muscheln«. Die Altstadt! Es ist, als ob sie Düsseldorfs Herz wäre und nicht nur eine Ader. »Wo Heine geboren ist, Immermann sein Theater hatte und Grabbe sein Unglück vertrank«, schrieb Rolf Bongs. »Die Kneipen liegen Tür an Tür, buchstäblich, schenken das Düsseldorfer Altbier aus, herb und bekömmlich.«

Abfällig werden die neugebauten Fassaden, die sich antik geben, von den einen verurteilt, die Gemütlichkeit und die Einmaligkeit der Kulissen-Architektur von andern beschworen. Wer hier geboren ist, bis heute hier wohnt, wehrt sich mit Zähnen und Klauen, ins Grüne zu ziehen. Auch heute noch werden hier wie in der Mühlengasse Lücken in die wenigen Reste gerissen, die den Zweiten Weltkrieg überstanden haben, werden noch immer architektonische Lügen geplant und gebaut.

Wo Düsseldorf noch echt ist? Das ist heute eher in Wersten, Flehe, Rath, Derendorf und Bilk. Oder auf der linken Rheinseite in Nieder- und Oberkassel, wo das stuckverzierte Gesicht der Stadt um die Jahrhundertwende noch viel besser erhalten geblieben ist als in dem vom Krieg zerstörten Zentrum. Anders als in der Altstadt sind hier Düsseldorfer noch unter sich.

Der Düsseldorfer. Er trägt einen Stempel und schwer daran: Leichtlebig, snobistisch, neureich und arrogant. Der elastische, schwergewichtige Herr, der im Ausland mit einkarätigem Finger auf Kaufenswertes zeigt und dabei sagt: Wat-kostet-dat-packen-Sie's-ein, das ist der Düsseldorfer vom Dienst. Die hart arbeitende, fröhlich genießende, elegante, heimathebende und dabei weltoffene rheinische Frohnatur, das ist der Düsseldorfer, wie er sich selbst sieht.

Beides ist Klischee. Beides stimmt nicht. Nicht ganz. Ist Halbwahrheit und doch ein Spiegel. Diese Stadt wehrt sich gegen ihren schlechtesten und ihren besten Ruf mit einer Aggressivität, die erstaunt, mit einer Gleichgültigkeit, die verschreckt.

Schlimmes wurde ihr in den letzten Jahren auch angetan! Werbewirksames zugefüttert, wie Schreibtisch des Ruhrgebiets oder Tochter Europas. Das bläht. Historischer Mund vernichtet. Klein-Paris!! So eine napoleonische Blödelei macht winzig.

Düsseldorf ist Kunststadt, das schmückt. Eine Stadt der Künstler? Das irritiert ein wenig. Hier flicht die Nachwelt ihren Künstlern Kränze, die Umwelt kaum. Die Bildhauer- und Maler-Ateliergemeinschaften aus Hildebrandtstraße, Rather Straße, Hoffeldstraße, Münsterstraße und zahlreiche Einzelgänger zählen heute zur künstlerischen Avantgarde, die auswärts größere Ausstellungstriumphe feiert als zuhause.

Selbst weltweit anerkannte Künstler wie Joseph Beuys und Günther Uecker, die – der eine mit Filz und Fett, der andere mit Nägeln – einen entscheidenden Beitrag zur Erweiterung der Bild- und Kunstidee in unserer Zeit leisten, wurden bisher nur außerhalb gewürdigt. Dafür sprangen Privatgalerien in die Bresche. Eine Vernissage ist in Düsseldorf nicht nur ein Kunst-, sondern auch ein gesellschaftliches Ereignis.

»Düsseldorf ist eine wunderschöne Stadt, und wenn man in der Ferne an sie denkt, wird einem ganz wunderlich zumute«, sagte einst Heinrich Heine. Wirklich wunderlich, diese Stadt – New York und Hintertupfing, Henkel und Hinkel, Beuys und Tante Berta, Kunstliebhaber und Banause, und man setzt den Tritt in des Nächsten Schienbein hart, aber verbindlich an. Vielleicht ist man im Moment am echtesten, wenn man am Brehmplatz, beim Eishockey, die eigenen Nerven zum Zerreißen gespannt, den gegnerischen Torwart tausendstimmig hypnotisiert.

Eishockey – ein Tropfen Düsseldorf und doch der ganze Teich. Früher einmal vielleicht nichts weiter als Sport – heute verhält es sich dazu wie eine Modenschau von Yves St. Laurent zum Trachten-Loden-Look der Schuhplattlerriege aus Lenggries. Man trägt Maxipelz und nimmt, wenn man es irgend vermeiden kann, keinen Sitzplatz. Handtasche wäre shocking, es sei denn, man wäre ein Mann. Die leere Cola-Kiste trägt man locker in der Linken. Sie weist einen als Fan aus. Natürlich ist man als Düsseldorfer Eishockey-Fan kein Fan im landläufigen, vielleicht Tölzer Sinne, bei uns wird Sport nicht zur Leidenschaft, sondern Leidenschaft als Sport betrieben.

Nicht immer lehrt die Mannschaft, für die wir in diesem Hexenkessel als gefürchtete Kulisse angetreten sind, die Rosenheimer oder Landshuter in dem Maße Mores, wie wir es uns gern wünschten oder wie wir stimmlich imstande sind. Anfeuern ist sicherlich leichter als sturmlaufen auf das gegnerische Tor, aber machen wir uns nichts vor, es nimmt ganz schön mit. Dennoch, das Engagement bleibt spielerisch, die Lust am Drum und Dran ist offensichtlich und das Ritual festgelegt. Hervorragende Spielzüge des Gegners werden anerkannt, nur allzuweit geht das nicht, wo käme man da hin?

Man spielt Fanatismus. Es ist nur ein Spiel, sagt man, besonders wenn man verloren hat. Und wenn die Mannschaft gegen die Kölner Haie – die Erzrivalen aus der benachbarten Domstadt – verloren hat, wird sie von den Fans mit Gesängen gefeiert, als wäre nicht die DEG, sondern die Kölner Mannschaft soeben aus der deutschen Meisterschaft geworfen worden. Sehr düsseldorferisch, dieses achtzigprozentige Engagement mit zwanzigprozentigem Neben-sich-selber-Stehen. Im Fuchspelz, auf der Cola-Kiste. Sieg oder Niederlage – sie werden mit Altbier weggeschluckt.

Es ist an der Zeit, daß ich Zeugen aufrufe. Die Subjektivität einer Zugereisten, einer sich in dieser Stadt wohlfühlenden, könnte ihre Glaubwürdigkeit behindern. Eine Subjektivität, die glücklich und zufrieden macht, weil sie den qualvollen Drang nach nie erreichbarer Objektivität überwunden hat. Dennoch, Zufriedenheit kann Kritikfähigkeit ausschließen. Zeugen sind nötig, Vernehmungen zur Sache. – In der Reihenfolge des Auftretens? Wer glaubt mir das schon? Auch ein Verteidiger darf manipulieren. Wie komme ich auf Verteidigung? Hat jemand Düsseldorf angegriffen? Der Bühnenbildner und Freund sagt zur Person, er wäre hier geboren, aufgewachsen, zur Schule gegangen, arbeite hier und auch in anderen Städten. Er kann vergleichen.

Wie das Publikum wäre?

Nicht anders, als in anderen Städten auch. In München vielleicht etwas blasierter, in Hamburg naiver. – Er gibt ein Beispiel: Erinnerst du dich, wie Nicole der Bergner auf der Bühne einen Stoß versetzen muß? In Hamburg stöhnen sie dumpf auf – wie kann man mit einer alten Frau so umgehen? –, in Düsseldorf realisieren sie sofort: Die wird gerade für 1000 DM in den Sessel geschubst. – Also doch immer wieder Geld? –

Geld ja, aber auf eine viel selbstverständlichere Art. Hier ist man schon eine Stufe weiter. Hier kannst du wieder ein Altbier verlangen, während sich die feine Gesellschaft in Schwabing oder Stuttgart immer noch am Sektglas festhält.

Frag doch mal rum bei diesen Young-fashion-people, warum einer Porsche fährt! Lange Erklärungen bekommst du. Sie sind schneller in der Werft oder bei der Sitzung oder in Grünwald oder sonst einem Schmus. Hier genügt als Grund: Es macht mir Spaß. Keine Entschuldigung, kein langes Gerede. Man verdient und hat ein ungefiltertes Vergnügen am Ausgeben.

Auch die Stadtväter? –

Ach, komm! Das sind doch nirgends Lichtgestalten. Wo immer du da die Begabung in Fahrenheit messen willst, sitzt du auch schon auf dem Trockenen. Sag mir doch eine Stadt, in der man sich so über Nichtigkeiten aufregen kann wie hier. Ist das nicht herrlich? Über Farbgebung streiten sie! Ob man etwas schwarz anstreichen soll oder doch lieber in leichtem Ockerton? Phantastisch!

In Düsseldorf kannst du dir Tinnef kaufen und sagen: Na schön, es ist Tinnef, aber mich freut's. In Hamburg kommen sie im Mercedes an, wühlen im Eppendorfer Sperrmüll, holen Tinnef raus, lassen ihn für die Wohnung aufarbeiten und erklären das ganze als Nostalgie. Das ist Snobismus.

Den nächsten Zeugen, Freund Erwin, ein rheinisches Schlitzohr aus dem Volke, nagle ich an zwanzig Zentimetern der längsten Theke Europas fest. Obergäriges beflügelt seinen Mitteilungsdrang. Nein, die neue alte Altstadt gefiele ihm nicht. »Madame«, sagt er galant, französische Umgangssprache im Blut, »das ist heute nur ein Kongo-, ein Kongole-, ein Mischmasch ist das!«

Ich muß höllisch aufpassen, um sein breites Platt zu verstehen.

»Fröher, dat wore Ziede«, sagt er und meint, daß früher eben Zeiten gewesen wären. Attraktionen, nicht nur Radau und Knöchelchen der gebratenen Flattermänner überall auf dem Gehsteig. Mit der tätowierten Dame »En de Kröck« könnte heute niemand konkurrieren. Neckisch hebt er den linken Arm, wiegt sich schamhaft in der Taille und deklamiert mit hochgeschraubter Damenstimme: »Unter meiner linken Achselhöhle sehen Sie die Embleme von Liebe, Glaube und Hoffnung, unter meiner rechten den Prinzen Heinrich im Kreise seiner Lieben, schwingend das Banner Schwarz-Weiß-Rot.«

Und an einem durchaus noch schicklichen Platz blühen die Rosen aus dem Süden.

Ich bin fasziniert. Erwin dreht eindringlich meinen zweiten Mantelknopf und wird persönlich: »Sie machen doch Kom(m)ödchen, Politik auf der Bühne. Soll ich ihnen was erzählen? Hammer alles schon gehabt. Bloß anders. Die »Fanny mit der Gitarre«, die zog von Lokal zu Lokal, vom »Zinterklösske« zum »Hölsken«, vom »Kilian« zum »Süßen Eck« und hat geträllert. Und der »Sänger vom Rhein«! Hochpolitisch, und zwar nicht in einem Theater, nee – auf der Straße! Der brauchte nur einen Franzosen zu sehen, in der Besatzungszeit nach dem Ersten Weltkrieg, da sang er auch schon los: »Wat hamm die Bajuffen am Rhein ze donn?« Und die Franzosen konnten nix tun, die hatten ja kein Wort verstanden; »Na ja«, meint er dann versöhnlich, »Sie können natürlich nicht in die Lokale latschen und zu Ami-go-home mit der Gitarre klimpern.« – »Kaum, man würde mich für einen Juso halten!«

Erwin bestellt Alt und Klare und schwemmt die Jusos runter. Dann haut er auf den Tisch: »Und wo bleibt unser Zoo?«

brüllt er wütend den Schlachtruf aller alten Düsseldorfer und blitzt in die Runde, als ob er es allen anwesenden Gästen persönlich übelnähme, daß sie keine Löwen sind. »Für alles andere ist Geld da? Wenn ich die Stadt wär', ich tät mich schämen.« –

Wer mit Stadt gemeint sei, will ich wissen.

Der Oberbürgermeister? Der Oberstadtdirektor? – Erwin schaut mich verständnislos an. »Die? Sie sind das Rathaus. Die Stadt sind wir! Und was ist daraus geworden? Ein« – er holt tief Luft und schafft es diesmal – »ein Konglomerat! Aber wissen Sie, wo Düsseldorf noch echt ist? In Wersten, in Niederkassel, Bilk, in Flehe, in Rath.«

»Quartierbildung« – er sagt natürlich Karjeth, der junge geschmeidige Boutiquenbesitzer von der linken Rheinseite, das wäre das Neue, Sensationelle in dieser modernen Stadt. Föderalismus der Außenbezirke möchte er es nennen. »Der Trend zur Innenstadt ebbt ab, wenn Sie verstehen, was ich meine. Verzeihung –.« Er wühlt in einem Stapel Jeans, zieht die dritte von unten hervor, wirft sie über die Schulter einem hüftlosen jungen Mann an den Kopf, mit der dringlichen Warnung nie etwas anderes als Größe 46 zu tragen. –

»Wo waren wir stehengeblieben? Innenstadt, ja! Wollen Sie einen Kaffee?« Gut. »Wodka?« Danke, nein. »Also Innenstadt ist passé. – Wir können sie kürzen«, gibt er, ohne sich umzudrehen, dem Käufer Bescheid. »Nicht nötig«, ruft dieser, »paßt!« Zahlt, geht. Mit dem Gang eines Enkels von John Wayne über die Teutonenstraße in Richtung Barbarossaplatz.

Sieh mal einer an. Oberkassel ist also »in«, Bilk ist »in«. Erwin meinte es auch. Bloß anders. Meine Zeugen widersprechen sich, indem sie sich bestätigen. Darf ich zur Gegenüberstellung bitten?

»Brain-storming«, meinte ein Freund aus der Branche, in der man so spricht.

»Recorder auf den Tisch und wir quatschen drauflos.« Wir, das sind der Schriftsteller, er hat ein Buch über Düsseldorf geschrieben (nicht hier geboren), die Journalistin hat noch kein Buch geschrieben (hier geboren) und ist am meisten von uns allen informiert, der Werbemann (dynamisch) lebt und arbeitet hier, der Marktforscher (Düsseldorfer), ruhig, mit Augen, die sezieren, der Herausgeber auf dem Weg nach oben (die Auflage steigt), der junge Künstler, erst seit kurzem in Düsseldorf (introvertiert beobachtend).

Und dann waten wir durch Klischees, bis wir nach Stunden feststellen: wir leben alle in einer anderen Stadt. In einer warmherzigen, eiskalten, kontaktfreudigen, arroganten, herzlichen, überheblichen, langweiligen, eleganten, spießigen, in einem Scheiß-Nest, in einer Weltstadt.

Die Formel, auf die wir uns einigen können, heißt: Düsseldorf ist in einer Form liberal bis progressiv, im Inhalt indifferent, möglicherweise oberflächlich. Fazit: ich sollte Experten fragen. Ich frage Gabriele Henkel.

Zunächst reden wir gar nicht über Düsseldorf, sondern von Heinrich Heine, also doch über Düsseldorf. Warum hat diese liberale Stadt so ein zwiespältiges, ja zweideutiges Verhältnis zu ihrem berühmten Sohn. Ich meine, es sei doppelt verwunderlich bei der Aufgeschlossenheit allen Fremden gegenüber.

»Genau das ist es«, sagt sie, »er ist eben weggezogen! Marx könnte man ihm verzeihen, daß er Jude war, gar nicht erwähnenswert finden. Daß er von hier nach Paris gezogen ist, das schmerzt.« Ein kurioser Gedanke, aber wer weiß? Wäre er in Paris geboren und dafür am Nordfriedhof begraben, die Universität hätte vielleicht längst ihren berühmten Namen. »Ein deutscher Dichter sollte vorsichtig sein«, lacht sie, »möglichst in Hessen oder in Schwaben geboren werden, denn da ist man stolz auf jeden, der auch nur einen einzigen Alexandriner geschrieben hat.«

Sie ist engagierter, als man es üblicherweise einer reichen Frau zutrauen würde. Wenn sie sich für etwas einsetzt, tut sie es mit der Persönlichkeit einer Gabriele Henkel und mit deren Bedeutung. Ein full-time-job, sie selbst zu sein und die, von der man spricht. Manchmal könnte man meinen, dies seien zwei völlig verschiedene Menschen. Die letzte große Gastgeberin, die Professorentochter, ein Relikt aus dem 19. Jahrhundert, ein Kumpel, wenn man mit ihr befreundet ist, seichter Jet-Set, die einzige, die es heute noch zuwege bringt, Menschen einzuladen, die noch Gespräche miteinander führen können und nicht nur smalltalks. Sind die berühmten Henkel-Einladungen nun das Gastmahl des Konrad und der Gabriele Henkel speziell oder Düsseldorfer Spitzenerzeugnis de luxe, möchte ich wissen. Düsseldorf natürlich insofern, als beide Düsseldorfer sind. International, weil die Gäste von weit her anreisen. Niemals eine bloße Abfütterung der Prominenz, immer eine kulturelle Hürde vor dem ersten Gang; Jazz at Chamisso, ein Vortrag, ein Streichquartett. Das Geheimnis des Erfolges? – Die Gästeliste. Wenn ich weiß, wer kommt, weiß ich, ob der Abend läuft. – Die Tischordnung ist die Komposition, die Gäste aufeinander abgestimmte Solisten. Dann kann improvisiert werden. Sie ist keine Gastgeberin, die hektisch von Gruppe zu Gruppe eilt, um festzustellen, ob sich auch alle köstlich unterhalten. Ein solcher Abend läuft auf Kugellagern. Man merkt ihr an, daß sie selbst Spaß daran hat, und wenn sie ihn nicht haben sollte, wäre sie versnobter als mancher ihrer

Gäste. Gegen Mitternacht öffnet der Hausherr zum Durchzug die Fenster, als deutliches Zeichen zum allgemeinen Aufbruch. Kein Rausschmiß. Bei ihm wirkt es wie: Nun macht schon, Freunde, ich muß morgen früh wieder im Laden sein.

In den fünfziger Jahren, meint sie, hätte man sich beinahe genieren müssen, aus Düsseldorf zu sein. In den Sechzigern hätte sich das Image der Stadt entscheidend gewandelt. Kalte Tropen nennt sie ihre Heimat und könnte sich zwar üppigere Gegenden zum Nichtstun und Leben vorstellen, aber zum Arbeiten und Leben wäre Düsseldorf allen anderen Städten vorzuziehen. – Das Land der Apfelsinen mit der Seele suchend, schließe ich mich dieser Meinung vollinhaltlich an.

Je intensiver ich mich mit dem Düsseldorfer beschäftige, umso größer wird die Gewißheit, daß die große Geste, mit der ich Tradition als Ballast für diese Stadt abzutun versuche, falsch war. Der Düsseldorfer selbst hat als Düsseldorfer Tradition. Das ist etwas anderes als erstarrte Formen pflegen, für die ein Inhalt zusammengekratzt werden muß. Diese Tradition ist lebendig wie jeder einzelne Düsseldorfer. Kein Karnevalist, Schützenkönig oder Heimatverein muß sie beschwören. Eine vergnügliche Tradition, individuell wie der freundliche Jeck in der Fußgängertruppe des organisierten Karnevalszuges nicht eingeplant, aber dafür hat er auch hundertmal mehr Spaß an der Freud als der ganze Elferrat im Prunkwagen zusammen.

Eine aufregende Stadt. Sie hat viel überstehen müssen – das haben andere auch –, aber sie scheint unverwundbar. Dazu kommt, daß sie Glück hat, kein Wunder, denn sie ist tüchtig. Selbst Nazis verkraftete sie und eine Zerstörung, die drei Viertel von Düsseldorf bis auf die Fundamente zertrümmerte.

Bis auf das Fundament, den Düsseldorfer!

Man kann Düsseldorf hassen, aber einen wird man immer lieben, den Düsseldorfer. Er schimpft auf Düsseldorf, wenn es zuviel gelobt wird. Er lobt Düsseldorf, wenn jemand Kritisches über die Stadt sagt. Die Menschen in dieser Stadt, das ist der Grund, weswegen ich gerne hier lebe.

Und was liebe ich ganz besonders? Das Gegensätzliche: Gerade den schiefen Turm; als Haltung: die Radschläger; als Neues: das Altbier; als Fußballmeister: Fortuna 1995; Leben statt Überleben; Denken statt Überdenken; Sehen statt Übersehen.

Düsseldorfer Hafen mit Gehry-Bauten,
Zeichnung von Editha Hackspiel, 2004.

LINKS UND RECHTS DER KÖ
(1989)

… Düsseldorf ist alles andere als spröde, die Annäherung fällt leicht. Zwischen Rhein und Hauptbahnhof liegen Altstadt und Innenstadt, das reicht für den Anfang. Die Topographie ist übersichtlich: entweder links oder rechts der Kö, man kennt sich schnell aus, zumindest zu Fuß, mit dem Auto ist es komplizierter. Und die Leute sind zugänglich, überaus sogar, man sieht sie eigentlich nie allein. Ein geselliger Menschenschlag – ob in der Kneipe, ob im Nobelrestaurant, immer sieht man sie zu zweit, dritt oder in noch größerer Runde. Der einsame Trinker fehlt hier offenbar. Beim Marktplatz gleich um die Ecke, wo ein kurzes Gäßchen sich zum Rheinufer senkt, sitzen die Leutt': an den Nachmittagen und den frühen Abenden, die jetzt schon beinahe sommerlich sind, in der Kneipe, draußen vor der Kneipe und auch auf der anderen Straßenseite auf einem niedrigen Mäuerchen, alle mit ihrem Glas »Alt« in der Hand, und entspannen und relaxen. Immer ist es hier proppenvoll und geht quer durch die gehobenen und weniger gehobenen Schichten. Blauzeug, Jeans und Kord und feiner Nadelstreifen, es mischt sich. Vermutlich bin ich in einer ganz besonders demokratischen Stadt. Zuerst würdest Du das Näschen rümpfen, mit der Zeit aber Spaß dran finden. Wetten?

Vorgestern luden mich die O.s zum Abendessen. Sie wohnen in Gerresheim, wo, wie ich nachgelesen habe, es eine mächtige dreischiffige Basilika aus dem frühen 13. Jahrhundert im sogenannten Übergangsstil gibt. Wenn Du nächste Woche kommst, sollten wir sie uns ansehen. Mir fiel bei der

Fahrt ihr mächtiger achteckiger Vierungsturm auf, eine Art Wegweiser. Jedenfalls hatte ihn mir O. bei seiner Wegbeschreibung am Telefon als solchen empfohlen.

Die O.s wohnen in einem grauen Gebirgszug aus Beton mit unterschiedlich hohen Graten und Gipfeln, in dem sich mindestens 150, vielleicht sogar mehr, schicke Wohnungen befinden. Unterirdisch erstreckt sich ein Höhlensystem, das als Tiefgarage dient, von dort geht es mit Fahrstühlen aufwärts, aber man muß die Etage und die Wohnungsnummer wissen, sonst findet man nie hin: eine Etage wie die andere, jede mit zahllosen Wohnungstüren. Trotzdem wohnen die O.s ganz reizend. Alle Fenster gehen auf einen bewaldeten Hügelhang hinaus, fast zum Greifen nahe, und auf dem geräumigen Balkon kann man im Sommer ungesehen Sonnenbäder nehmen und im Winter die Vögel aus dem Wald füttern. Es gibt ziemlich alle Sorten, versicherte mir O. Auch Kleiber, Girlitze, Dompfaffen und dergleichen ...

Eine Landschaft oder Stadt verinnerlicht man sich rascher, wenn man sich von ihren Früchten, das heißt: von ihren Küchenspezialitäten nährt. Ich habe sie mir schon in den ersten Tagen zu Gemüte geführt: Senfrostbraten mit reichlich Zwiebeln und Bratkartoffeln in einem Restaurant in Niederkassel, ganz ausgezeichnet, und Sauerbraten mit Kartoffelklößen (die mich ganz unrheinisch an die »polnischen« Klöße meiner an der Oder beheimateten schlesischen Großmutter erinnerten) und dazu Apfelkompott, ebenfalls empfehlenswert, in einem kleinen Restaurant seitab der Königsallee. Röggelchen mit Flöns (hinter Flöns verbirgt sich rheinische Blutwurst) und Halve Hahn (ganz ordinärer Harzer Käse mit Brot) nimmt man rasch mal zwischen zwei Gläsern »Alt« zu sich; »Alt«, habe ich mich von Herrn H. aufklären lassen, ist ein obergäriges

Bier (gibt's auch ein untergäriges?). Dann gibt es noch rheinisch-gepökeltes Eisbein mit Sauerkraut, das mir noch bevorsteht und eigentlich etwas für kalte Tage zu sein scheint; bei Eisbein mit Sauerkraut stelle ich mir stets eine gemütliche Balkendeckenkneipe mit riesigem Kachelofen vor und draußen hoher Schnee. Auf der Kö aber stehen bereits die Kastanien kurz vor dem Blühen und die Wildenten unten auf dem Wasser haben Junge. Aber um Reibekuchen mit Schwarzbrot und Rübenkraut zu mögen, muß man wohl gebürtiger Düsseldorfer sein. Rund um Düsseldorf, wo es noch ländlich ist, und speziell auf Zons und Dormagen zu, also in Richtung Köln, sah ich riesige Kraut- und Rübenäcker – daher die Neigung zu Rüben- und Sauerkraut, oder?

In Düsseldorfs Altstadt, las ich in einer kleinen Schrift des Verkehrsamtes, gibt es mehr als 250 Lokale auf einen Quadratkilometer, das ist mit Sicherheit Weltrekord. Alle Sprachen, jedenfalls sehr viele, hört man dort, selbst Japanisch. Auf dem Rathausplatz saßen kleine Mädchen von der japanischen Schule in Oberkassel, sie mochten zehn oder zwölf gewesen sein, auf mitgebrachten Klappstühlchen mit Zeichenblock und Stiften und zeichneten die spätgotische Rathausfassade ab. Stell Dir vor, wenn diese Nippesfigürchen Großmütter sind und dann daheim in Tokio, Osaka oder sonstwo ihren Enkeln erzählen: Als ich so alt war wie ihr jetzt, lebte ich in Düsseldorf am Rhein, wo die Menschen Röggelchen mit Flöns essen... Doch vielleicht leben diese kleinen Mädchen als Großmütter noch immer in Düsseldorf, und sprechen auch so. Du hast mich darauf aufmerksam gemacht, was Heine vom Düsseldorfer Platt meinte: »In dieser Sprache merkt man schon den Übergang in das Froschgequake der Holländer.« Mir scheint das falsch, und war er überhaupt jemals in Holland?

Weißt Du noch, als wir's erste Mal in Wien waren, fuhren wir am ersten Tag bereits in den Prater und machten eine Riesenrad-Reise, von wegen des topographischen wie historischen Überblicks. In der Tiefe breitete sich die Stadt: das Ur-Wien an einem Donau-Seitenarm, das mittelalterliche zwischen St. Stephan, St. Ruprecht und St. Peter, das kaiserliche mit der Hofburg, das prächtige Ringstraßenwien der Gründerjahre und das industrielle der Fabriken und Arbeiterviertel. Wenn Du nächste Woche kommst, fahren wir zum Rheinturm, er ist knapp 235 Meter hoch, in 172 Meter Höhe gibt es ein Restaurant, darüber befinden sich die technischen Einrichtungen der Post, denn das schlanke Riesengebilde dient als Fernmeldeturm. Ich war noch nicht oben, doch ich kann mir den Blick vorstellen, auf die Stadt, das mäandernde Band des Rheins, der in Düsseldorf zum Niederrhein wird. Wir werden Glück haben, es wird ein sonniger, klarer Tag sein, im Süden werden aus dem Dunst die Kölner Domtürme ragen, unter uns liegt ganz Düsseldorf, in der Ferne im Norden erkenne ich Kaiserswerth und wo unablässig Flugzeuge starten und landen, liegt Lohausen. Und im Osten Waldberge, das Bergische Land, was aber dehnt sich im Westen, ich habe keine Karte zur Hand.

Aus der erwähnten Schrift des Verkehrsamtes (Prospekte lesen bildet): die Stadt hat rund 700000 Einwohner, ist der zweitgrößte Banken- und Börsenplatz Deutschlands, »Schreibtisch des Ruhrgebiets«. Chemie, Maschinenbau, Papier- und Glasfabrikation, eisenschaffende Industrie und noch ein paar andere Branchen mehr sind hier daheim. 150 französische, 350 US-amerikanische und 400 niederländische sowie 260 japanische Firmen besitzen hier Niederlassungen. Und daß Düsseldorf ein Modezentrum von Weltgeltung darstellt, glaubt man aufs Wort, wenn man nachmittags über die Kö bummelt – soviel Eleganz sieht man auf keinem anderen deutschen Boulevard, aber wenn ich die Damen dort sehe, manche mit einem Vermögen an Hals, Ohren, Armen und Fingern, fällt mir immer die hanseatische Patrizierin ein, die, gefragt, warum sie nur so selten etwas von ihrem kostbaren Schmuck trage, maliziös antwortete: Ich bin doch keine Düsseldorferin!

Ich war in Oberkassel am Drakeplatz und habe mir das Haus angesehen, in dem Beuys wohnte – ein weißes, recht gewöhnliches Haus an einem kleinen Platz mit einem Rondell mit verwilderten Büschen. Mir fiel auf, wie seltsam ungegenwärtig er in dieser Stadt ist, in der er doch recht lange lebte und in seinen jüngeren Jahren manches Happening und manche Unternehmung aufzog, von denen man dann sprach. Lediglich in einer Galerie nahe der Heinrich-Heine-Allee fand ich Verkäufliches: einen Pariser Metro-Plan mit einigen raschen Bleistiftstrichen von des Meisters Hand, dazu seine Signatur; erschwinglicher Preis, DM 1500. Die Museen habe ich bisher allerdings ausgespart, ich möchte sie mit Dir besuchen.

Die E. ist mir auf dem Corneliusplatz über den Weg gelaufen, ganz zufällig. Zickig wie immer, immer total arbeitsüberlastet, und wie immer an einem neuen Roman. Worüber? »Das vermag ich nicht zu sagen, es ist alles ungeheuer verknotet, das ist aber gerade das Abenteuer des Schreibens.« Sie ist ein Phänomen, ihre Romane sind gerade so gut, daß sie gerade noch einen guten Verlag finden. Dann liest man ein paar lauwarme Kritiken und dann hört man nichts mehr davon. Bis der nächste kommt. Das ist schon ein hartes Schicksal. Zum Ausgleich hat sie ein Händchen für Stipendien und literarische Preise.

Als ich vor 20 Jahren mal für einige Wochen in Düsseldorf war, ging ich zum Lesen gern in ein Cafe gleich hinter der

Oberkasseler Brücke, links auf der Luegallee. Ich hätte es gern wiederbesucht, zum Lesen und zum Schreiben, aber es existiert nicht mehr. Aber ich fand Ersatz, in der Karlstadt, wo alle Straßen rechtwinklig sich kreuzen, wie immer bei Vierteln, die man auf dem Reißbrett entwarf. Dorthin zieh ich mich zurück, wenn ich mit der Arbeit fertig bin, und das ist immer so gegen 15 Uhr. Das Cafe könnte in Wien sein: Gußeisentische, Thonetstühle, dunkle Tapete, vergilbte Fotos aus der Zeit vor 1914 hinter Glas und Rahmen. Ich sehe meine Notizen durch, lese zwei, drei Zeitungen, ein mitgebrachtes Buch und schreibe Briefe. So auch diesen. Und den letzten und vorletzten an Dich ebenfalls. Der Kaffee ist wirklich hervorragend, die Mokka- und die Schwarzwäldertorte desgleichen, aber das sind Kaffee und Kuchen immer dort, wo hauptsächlich ältere Damen verkehren. Auch heute wieder – nur Damen außer mir. Keine allein, alle in Grüppchen zu zweien, dreien oder vieren. Ein geselliger Menschenschlag. Sagte ich doch schon am Anfang!

düsseldorfer kölemik
(1989)

sorgsam
gebräunt; blondiert im hautkot-
ürfummel, getrimmte zungen; flaumige
bällchen über den pfoten, die
kahlen hinterteile GROSSZÜGIGER
HERR SUCHT DAME ZWECKS TAGESFREI-
ZEIT das stolzierte, das getrippelte,
mostertfarbne pisse sondern die ab
in regenhaut verpackt: zurecht-
geschorne silberpudel;
                (in anwalz-,
in zahnarztpraxen hängt penck
an der wand, »beschissene düssel
dorfer schule«);
             HOCHGLANS, ABZÜGE
AUF BARYTPAPIER
          im wortgestöber,
getrimmte zungen, die schneenasen;
unter gedimmter neoninstallation
die beine schmeißen EINE HEFTIGE
NERVENREVUE; stöbernde lawinen-
hunde bei pöseldorfer longdrinks;
an der theke katastrophenkünstler,
kralle im fischgrät (marcel duchamp
rotiert)

»reden wir mal fraktur«,
»klar, typisch steinbock«;

        die groupies
nippen am tequila, sunreis im grafenberger wald: im wildpark das ewige
rehefüttern POUSSIERLICHE SONNTAGS-
FOTOGRAFIE; »Auf der Hardt« ein
kinderspielplatz hexenbrennplatz,
recht spät (1738):
        »der Theufell:
.. so in Gestalt eines schwartzen
Mans .. so eine raue Mütze undt ..
stumpfe schuen angehabt«; das lodert
vorm unabgeholzten forstrest, kopf-
rest gründlich ausgeschildert! KEIN
MOHN UND / ODER GEDÄCHTNIS!
ab jetzt
huschen meerkatzen durch deinen
kopfzoo, glotzen aus deinen grünen
augen, aus meim meerkatzenaug blick
ich dich an: wir alle werden grüne
augen haben (…);
        schützengrün, schweiß;
torkelndes schützensilber, das peloton
legt rotgesichtig an; geflüsterte
bordelladressen, im wespenmonat
schießen sie den vogel ab
      HOCHGLANS,
LICHTEMPFINDL FILME, ABZÜGE AUF
BARYTPAPIER
    »wodka ist angesagt..«

INGRID BACHÉR

DÜSSELDORFER MARGINALIEN
(1991)

Schwermütiger Abend, Regen in der Luft. Dies ist nicht meine Stadt, obwohl ich nun schon lange in ihr wohne. Für alle Zeit bin ich süchtig nach einer Großstadt, erst verloren in ihr zuhause. Zweimal habe ich dort gelebt, wo ich das fand, was mir eine spontane Vertrautheit mit meiner Umgebung gab, als ich Kind war in Berlin und später in Rom. Auch Neapel könnte es sein, Los Angeles. Steinerne Landschaft, vielfältig belebt, unüberschaubar. Das sind meine Städte, fraglos, ohne Einweisung. Die großen Ansammlungen der Häuser, Ablagerungen des schon Gelebten, massenhafter Verfall überdeckt von Neuentstehendem. Diese Anwesenheit von Menschen, ihre Verwurzelung im abgelebten Älteren, diese ständige Bewegung der Veränderung ... all das nährt meine Phantasie und läßt mich auf die selbstverständlichste Weise gegenwärtig sein.

Doch hier, dies ist eine Stadt mit erkennbaren Maßen, sie erweckt keine Leidenschaft, ist nicht rätselhaft anziehend abstoßend. Hier zu sein bedeutet, beweglich zu sein im Statischen, in der Ruhe, auch in einer freundlichen Gelassenheit. Ich gehe herum und sehe, daß die Stadt viel Schönes hat. Es sind hier immer Teile, die mir im Gedächtnis bleiben, immer Einzelheiten, nie das Gesamte, die Summe aller Teile. Das Gesamte ist entweder zu groß oder zu klein für mich, auf jeden Fall, es bleibt mir nicht im Gedächtnis. Da ist vor allem der Strom, die Rheinwiesen (immer gefällt es mir, daß der Rhein hier nicht eingeengt wird, in kein starres Bett gefaßt, sondern sich üppig ausufernd durch die Stadt bewegt). Da sind die

Fronten einiger Häuser, welche die Ruhe eines vergangenen Bürgertums dokumentieren, eine Wohlhabenheit, nach der hier alles strebt. Jeder Neu- und Umbau bestärkt dieses Bild. Es ist eine Stadt, die das schmückende liebt, das glänzende Outfit. Manchmal hält dies sich nicht in Balance zu dem, was zu schmücken ist. Das Übergeschmückte auch der Menschen fällt oft auf und die Anstrengung schön zu erscheinen, was dem wahren Charme der Schönheit widerspricht. Die Kö-Galerie ist eine bis ins Schaurige gesteigerte Ansammlung von Luxus, Gold und Marmor, mit gläsernen Aufzügen, in goldenen Stangen gefaßt, durchsichtig wie ein Kristall, doch in Wahrheit nur mit Worten beschrieben schön. Realisiert gleichen sie Aufzügen in einem Feenpalast, die von Touristen benutzt werden aus einer anderen Zeit (die weder die Gewänder, noch die Allüren haben, um angemessen in diesem Prunk sich bewegen zu können). Sie suchen das Lustvolle und haben doch schon lange das Geheimnis verloren, woraus es entstehen könnte. Das Festliche ist nicht mehr der im Äußeren aufscheinende Glanz eines Daseins. Die Anstrengung zielt auf Erwerben, nicht darauf, Immateriellem eine Form zu geben.

Ich erinnere mich an einen Abend, als Günter Kunert auf einem Laufsteg über dem bodenlosen Abgrund dieses Aufwandes schwebte und uns hoffnungslose Endzeittexte vorlas, während seitlich die durchsichtigen Aufzüge nach Bedarf hoch und nieder fuhren. Viel Volk lauschte ihm. Wir sind alle wie zu Gast in unpassender Umgebung, dachte ich. Erst später begriff ich, daß der Dichter in dieser Umgebung nicht unpassend war. Sie war die Bestätigung für seine Vision eines Endes. Harmloser, überflüssig glitzernder ist diese Bestätigung vielleicht hier als anderswo, aber sie ist eine. Heiner Müller schrieb über eine Einkaufspassage in Düsseldorf, da »stößt man nur noch auf massenhaften Lebensersatz ... Fünftausend rosa Slips bejahen nicht das Leben, das schreit vielmehr nach Tod und Vernichtung ...«

Das macht mir andere Städte heimatlicher: In ihnen wird öffentlicher gelebt, sie wirken benutzt, dreckig auch, älter und zugleich nicht fertig. Ich sagte, Teile dieser Stadt sind mir wichtig. Zum Beispiel: die Häuser, in denen Freunde wohnen, und die, in denen wir wohnten. Das Atelier in Derendorf, in einem Hinterhaus. Unter uns ein Kontor mit staubbeschlagenen milchigen Scheiben, in dem ein aufmerksamer, literaturbewanderter, scheinbar altersloser Herr mit seinem Sekretär seinen mir unverständlichen Geschäften nachging. Im Parterre eine langsam zugrunde gehende Malerwerkstatt. Rückzugsgebiet vergangener Zeit. Damals gab es noch die Brauerei-Ruine, auf die wir blickten. Dann das Haus unterm Fluglärm, der weitläufige verwilderte Garten. Hinter der auswuchernden Brombeerhecke, auf der Grenze zu den Feldern, die rotgelbe Straßenbahn. Sie tauchte unaufhaltsam auf und verschwand, poetisch wie ein fernes Schiff in einem Film von Fellini.

Alles Details. Die Schönheit des neuneckigen Schloß-Turms. Die Fehlkonstruktion des leeren Platzes vorm Schauspielhaus, eine Oase der Verweigerung. Die Galerie Schmela, das heißt das Gebäude und die Straße davor, und dies weil wir eines nachts Alfred Schmela trafen, der dort ganz verloren stand und sein Haus ansah. Und dann und immer wieder: der Fluß, der Hafen, die Lagerhäuser, die Fabrik, nachts erleuchtet während Dampfschwaden oberhalb ihrer Ziegelfassade aufsteigen und auf der Rutsche der helle Strom des Futtermehls in die offene Luke eines Frachtkahns stürzt. Und morgens das frühe sich spiegelnde Licht überm Rhein, dessen sanfte Intensität sich steigert, wie neugeschaffen und sich entfaltend aus sich selber, rein als begänne alles mit diesem ersten Tag.

Auf einer Wiese mitten in der Stadt, doch abseits an einer breiten sechsspurigen Straße gelegen, das Heine-Denkmal. Aus Bronze gegossene Bruchstücke, Trümmerlandschaft einstmals gewesener Einheit, schon in Teilen angefertigt, so unpassend zueinander, nicht mehr zusammensetzbar. Scheinbar schon vergehendes, hinschmelzendes Material, aus der Form entlassen. Zerstreute hilflose Hinweise auf Lebensstationen, wahrscheinlich nicht übermäßig wichtig. Aber immerhin erwähnenswerte Teile, Requisiten einer furiosen Lebenshandlung. Nunmehr ist nichts verbunden und bildet doch ein Ensemble, erinnert so an das, was nicht mehr herzustellen ist. Vorübergehend bedenke ich dies. Ein Dichter flüstert mir tröstend zu:

»Mein den unwirklichsten Schicksalen hingegebenes Herz bewahre ich unversehrt.«

(Nein, das war nicht Heinrich Heine, sondern Fernando Pessoa.)

BRÜCKEN NACH DÜSSELDORF
(2016)

… ein Vierteljahrhundert in Köln …. dieser Stadt, in der Menschen, die ein Alt bestellen, aus der Kneipe gejagt werden … im Schatten des Domes den Leichtsinn gefeiert und die betuliche Ignoranz … selbst nicht begreifend oder begreifen wollend, dass hinter der Grenze etwas existiert … dieser Grenze wohin (und was existiert denn dort?) … ein Leben in Cisrhenanien … nie auf der sibirischen Seite … weil hier das Grün und dort das Grau … das alles sind Mythen, die man mit sich schleppt … Mythen, Illusionen, Simulakren … der Weg nach Düsseldorf führt also stets über eine Brücke … sie schwingt sich zwischen den Ruinenstempeln, bedeckt mit Graffitirunen, als letzte Mahnen des früheren, gesprengten Übergangs, Kriegskaries … über sieben Brücken kannst du gehen … aber immer netzt die Morgenröte die Ufer des Flusses, immer rauchen die Kühltürme und treiben die Schlepper … in Düsseldorf sitzt das Geld und das Parkett ist sehr glatt … doch zunächst schwelen Kappesfelder, bodenständig, ihr ewiger November, die feuchten, kühlen Furchen klaffen schwarz … im Zug ist die Stimmung still, gesetzt, oder doch eher gefasst, man weiß, was einen erwartet … der Medienhafen … Fernsehturm … Bahnhof Bilk … Bahnhof Friedrichstadt … und raus … was ist das an diesem Morgen? … ein Rufen, ein lästiges Klingen … und das erbarmungslose Trappeln tausender Füße … sie sind auf dem Weg … sie marschieren voran … die Maschine … die ständige Maschine … über der Stadt stehen Wolken, aber auch Blau … Sonne gesichtet … ein Flecken

Gelb … der Rest bleibt in der Schwebe … man schwebt also …
Straßen, Plätze, Häuserblöcke … eine Topographie des Tat-
sächlichen … Heeresstraßen, Verkehrsadern, Schleichwege …
Verwaltung, Gewerbe, Industrie … Banken, Versicherungen,
Rückversicherungen … ein Kaiser, sein Arsch zeigt nach Westen … Kirchen, Paläste, Museen … ein Park … und langsam
landen … die Schwingen … ausbreiten … landen … wo bin
ich? wer bin ich? warum bin ich (hier)? … der Fürst zu Pferde
in der Mitte, ein Gedanke in Stein … gegenüber die neuen
Herren, sie grüßen vom Balkon … und die Brücke sehe ich,
die Brücke zurück … im Wind, der am Ufer des Flusses auf-
frischt, werden irrtümlich Texte gesäuselt, Stimmen, die mich
meinen oder jemand anderen … wohin führt das? wohin zieht
es? wie die Wolken, exakt wie sie, scheint etwas zu treiben,
nicht sonderlich schnell, nicht hektisch, aber doch unaufhaltsam … und so auch der Fluss, er will irgendwohin … was wollen wir? … wir gehen … wir sehen … wir flüchten oder wir
bleiben … wir haben Absichten, Vorhaben, Wünsche … wir
schnellen durch die Schneisen der Städte, selbst elektrisch,
selbst digital … und immer fehlt das Licht … ein Schiff steht
im Hafen, es rührt sich nicht … moorig locken die Bierkeller,
sie warten mit Gerüchen auf … über das Kopfsteinpflaster
rollt das Geld, weg rollt es … wahrscheinlich von irgendwoher
Musik … wie Koberer lungern livrierte Kellner vor den Fress-
buden, es sind Vampire … wenn die Opfer ihnen folgen, werden auch sie zu Untoten … im Zwischenreich von Liebe und
Hass … dort wo die Götter nicht mehr wohnen … dort wo die
Götter nicht mehr sind … jetzt ziehen die Schatten durch die
Stadt … bunte Schatten … sie zeigen uns die Richtung, doch
täuschen jeden Tag … Mythen, Illusionen, Simulakren … neue
Bilder müssen wir uns schaffen … Götter, die zu uns beten …

der Schritt ist sanft … er fühlt den Asphalt, der Asphalt ihn …
diese andere Nähe … der Boulevard ist ich … Relikt eines Ge-
heimnisses … und nun schützt uns die Überdachung, Milch-
glas, Gerüste, Stahl und Plastik … »Metaphysik der Orte« …
es ist ein Quadrat … klicke auf eine Nummer und du bekommst die Information … seit 1482 die einfache Magie des
Haptischen … unter dem Dach herrscht und blüht vielerlei …
eine Gemeinschaft der Verschworenen … sechs Gänge quer,
ein Gang her … das Klima wird südlich … und die Augen gehen über … die Klänge sind selbstredend elektronisch, Syn-
thesizer der Registrierkassen … und doch wechseln die
Händler zuletzt wie der Wind … Trüffelpommes … Brotpra-
linen … Premiumlakritz … nicht alles lässt sich etablieren …
wenn nicht ein Engel vorbeischreitet … seine Schwinge stäubt
Silberpulver … grandiose, nie gleichbleibende Feier der Gegenstände … und nun brechen Sittiche oder Kobolde aus den
Hütten … und zwitschern, als gelte es die »Stimme Deutschlands« … Blumen, Palmen, Kakteen, Ranken, die grüne Hölle
bricht aus … sie wuchert, sie lebt, sie lässt sich nicht stoppen
… ich rutsche, ich gleite, ich fahre durch die Zeit … morgen
war gestern und niemand war heute … heute war keiner und
jetzt sind wir fort … die Sinne entspannen und lassen sich gehen … ich inhaliere und halte inne … die Akzidentien defi-
nieren die Anzahl, die Art und die Relation … nur eines weiß
ich nicht – wie komme ich zurück, sollte ich zurück?

Nachwort

»Im Fuchspelz, auf der Cola-Kiste« – dieses witzige und span-
nungsreiche Zitat aus einem Text von Lore Lorentz ziert den
Einband des Buches, in dem literarische Texte zu Düsseldorf
aus insgesamt sechs Jahrhunderten zusammengetragen sind.
Die Bandbreite der Textsorten reicht von Reisebeschreibungen, Briefen, Tagebucheinträgen, Gedichten, Essays bis hin zu
Erzählungen. Fiktionale und nichtfiktionale Texte stehen
ebenso bunt gemischt nebeneinander wie die unterschied-
lichsten Autorinnen und Autoren. Von Albrecht Dürer und
Fabio Chigi, dem späteren Papst Alexander VII., über Johann
Wolfgang von Goethe, Heinrich Heine, Robert Schumann bis
hin zu Lore Lorentz, Thomas Kling und Ingrid Bachér.

Dieses Kaleidoskop von Texten möchte Lust machen, literarische Canapés anbieten und zu einer weiteren Beschäftigung
mit Texten über Düsseldorf einladen. Denn Vollständigkeit
kann und will der Band keinesfalls für sich beanspruchen. Die
Stimmungen, in die meine Leserinnen und Leser eintauchen
können, sind vielfältig. Der Aufenthalt einer Königin im 17.
Jahrhundert stimmt neugierig, die Schilderung des Hofgartens
im 18. Jahrhundert regt zu einem eigenen Spaziergang an, der
Beitrag Heines zu Jan Wellems Reiterstandbild bringt zum

247

Lachen und die Texte aus der Zeit des Nationalsozialismus mahnen und lassen Schauer über den Rücken laufen. Die Textauszüge wurden allesamt vorsichtig an die heutige Rechtschreibung angepasst. Offensichtliche Schreibfehler sind stillschweigend behoben worden.

Für den aktuellsten Text im Band mit dem Titel »Brücken über Düsseldorf« bin ich besonders dankbar, da sich Enno Stahl ohne zu zögern bereit erklärt hat, exklusiv seine Pendlererfahrungen aus Köln und Neuss in Richtung Düsseldorf aufzuschreiben. Und dies ist ihm inhaltlich wie formal in experimenteller Weise sehr ansprechend gelungen.

Mein Dank gilt dem Kollegium des Heinrich-Heine-Instituts für die tatkräftige Unterstützung bei der Bild- und Textrecherche. Besonders gedenken möchte ich der leider viel zu früh verstorbenen Marianne Tilch, die früher als Archivarin im Heinrich-Heine-Institut gearbeitet hat. Sie hat mir maßgeblich das Lesen von historischen Handschriften beigebracht und sie hat mich vor mehr als einem Jahrzehnt mit vielen der hier abgedruckten Texte bekannt gemacht.

Sabine Brenner-Wilczek, im April 2016

Literaturverzeichnis

- *Andersen, Hans Christian:* Aus dem Tagebuch von Hans Christian Andersen. Dagboger II 1836–1844, udgivet af Helga Vang Lauridsen, Kopenhavn 1973.

- *Bachér, Ingrid:* Düsseldorfer Marginalien. In: Bruno Kehrein (Hrsg.): Wo kein Mensch Sorgen hat – wie düsseldorferisch ist Düsseldorf, Düsseldorf 1991.

- *Barth, Emil:* Die zerschmetterte Stadt. Aus den Tagebüchern von Emil Barth. In: Lemuria. Aufzeichnungen und Meditationen, Hamburg 1947.

- *Björnståhl, Jacob Jonas:* Aus den Reisebriefen. In: Düsseldorfer Jahrbuch. Beiträge zur Geschichte des Niederrheins, im Auftr. d. Düsseldorfer Geschichtsvereins hrsg. von Bernhard Vollmer, Bd. 59, Düsseldorf 1984.

- *Bongs, Rolf:* Ein Mann geht durch die Stadt. Düsseldorf im Jahre 1945. In: Städte 1945, hrsg. von Ingeborg Drewitz, Nachdr. mit freundlicher Genehmigung des Eugen Diederichs Verlages, Düsseldorf 1972.

- *Brentano, Clemens:* Aus den Briefen. In: Briefe. Erster Bd. 1792–1802. Nach Vorarbeiten von Jürgen Behrens und Walter Schmitz hrsg. von Lieselotte Kinskofer, Olten 1989.

- *Burnet, Gilbert:* ... erste bedeutende Stadt. In: Düsseldorfer Jahrbuch. Beiträge zur Geschichte des Niederrheins, im Auftr. d. Düsseldorfer Geschichtsvereins hrsg. von Bernhard Vollmer, Bd. 59, Düsseldorf 1984.

- *Chigi, Fabio:* Froher Gesang, ein festliches Mahl. In: Düsseldorfer Jahrbuch. Beiträge zur Geschichte des Niederrheins, im Auftr. d. Düsseldorfer Geschichtsvereins hrsg. von Bernhard Vollmer. Bd. 59, Düsseldorf 1984.

- *Cogan, Thomas:* The Rhine. In: Düsseldorfer Jahrbuch. Beiträge zur Geschichte des Niederrheins, im Auftr. d. Düsseldorfer Geschichtsvereins hrsg. von Bernhard Vollmer, Bd. 59, Düsseldorf 1984.

- *Coronelli, Vincenzo:* Die Düssel gab den Namen. In: Viaggi del P. Coronelli [...] in Venetia per Gio: Batista Tramontino. Parte Prima et Parte secondo, Venedig 1697.

- *Daelen, Eduard:* Malkasten. In: Der Niederrhein im Schrifttum alter und neuer Zeit, hrsg. von Heinrich Plönes, Mörs 1927.

- *Demian, Johann:* ... hart am rechten Ufer des Rheins. In: Düsseldorfer Jahrbuch. Beiträge zur Geschichte des Niederrheins, im Auftr. d. Düsseldorfer Geschichtsvereins hrsg. von Bernhard Vollmer, Bd. 59, Düsseldorf 1984.

- *Dürer, Albrecht:* Düsseldorff, ein Stättlein. In: Das Tagebuch der niederländischen Reise, hrsg. von J. A. Goris und G. Marlier, Brüssel 1970.

- *Forster, Georg:* Ansicht vom Niederrhein. Bd. 1, Berlin 1791, digialisat in: Deutsches Textarchiv http://www.deutschestextarchiv.de/forster_niederrhein01_1791/514.

- *Gautier, Théophile:* Düsseldorf bei Nacht. In: Loin de Paris. Tome premier. Paris 1863.

- *Goethe, Johann Wolfgang von:* Besuch in Pempelfort.
  In: Campagne in Frankreich 1792. Belagerung von Mainz,
  hrsg. von Jörg Drews. Frankfurt am Main u. Leipzig, 1994.

- *Grün, Max von der:* Flug über Zechen und Wälder. Niederrhein-
  Westfalen – Land der Gegensätze © Pendragon Verlag Bielefeld
  2016.

- *Gründgens, Gustaf:* Wirklichkeit des Theaters. © Suhrkamp Verlag,
  Frankfurt am Main 1953. (Erstmals veröffentlicht in der »Freiheit«
  vom 25. März 1947)

- *Heine, Heinrich:* Ideen. Das Buch Le Grand, In: Historisch-
  kritische Gesamtausgabe der Werke, in Verbindung mit dem
  Heinrich-Heine-Institut hrsg. von Manfred Windfuhr im Auftrag
  der Landeshaupstadt Düsseldorf, Bd. 1–6, Hamburg 1973–1997.

- *Herzfeld, Albert:* Ein nichtarischer Deutscher. Die Tagebücher
  1935–1939, im Auftrag der Landeshauptstadt Düsseldorf bearb.
  u. hrsg. von Hugo Weidenhaupt, Düsseldorf 1982.

- *Hübner, Paul:* Am Rhein oder an der Kö gelegen? In: Der Rhein:
  Von der Quelle bis zu den Mündungen, ungekürzter Text der
  Originalausgabe von 1974, München 1982.

- *Kalthoff, Martin:* Links und rechts der Kö. In: Privatbrief an
  Günther Elbin.

- *Keller, Gottfried:* Aus dem Briefwechsel. In: Gesammelte Briefe.
  In vier Bänden hrsg. von Carl Helbling, Bern 1950ff.

- *Klebe, A.:* Rheinreise . In: Düsseldorfer Jahrbuch. Beiträge zur
  Geschichte des Niederrheins, im Auftr. d. Düsseldorfer Geschichtsvereins hrsg. von Bernhard Vollmer, Bd. 59, Düsseldorf 1984.

- *Kling, Thomas:* Düsseldorfer Kölemik. In: erprobung herzstärken-
  der mittel/geschmacksverstärker/brennstaben/nacht. Sicht. Gerät.
  Ausgewählte Gedichte 1981–1993 © Suhrkamp Verlag, Frankfurt
  am Main 1994.

- *Lang, Josef Gregor:* Anmutig-eleganter Damenflor. In: Reise auf dem Rhein, hrsg. von Willy Leson, Bd. 1: Von Mainz bis zum Siebengebirge, Köln 1975.

- *Langhoff, Wolfgang:* Verhaftet. In: Die Moorsoldaten, Verlag Neuer Weg, Essen.

- *Leonhard, Jean:* Besuch einer Königin. In: Düsseldorfer Jahrbuch. Beiträge zur Geschichte des Niederrheins, im Auftr. d. Düsseldorfer Geschichtsvereins hrsg. von Bernhard Vollmer, Bd. 59, Düsseldorf 1984.

- *Lewald, Fanny:* Erinnerungen aus dem Jahr 1848, 1. Bd., Braunschweig 1850.

- *Lichtwark, Alfred:* Das große Warenhaus Tietz. In: Briefe an die Kommission für die Verwaltung der Kunsthalle, hrsg. von Gustav Pauli, Bd. 2, Hamburg 1924.

- *Löffler, Ludwig:* Besuch bei Freiligrath. In: Düsseldorfer Jahrbuch. Beiträge zur Geschichte des Niederrheins, im Auftr. d. Düsseldorfer Geschichtsvereins hrsg. von Bernhard Vollmer, Bd. 59, Düsseldorf 1984.

- *Lorentz, Lore:* Düsseldorf und der Düsseldorfer, Freiburg 1985.

- *Mendelssohn Bartholdy, Felix:* Heut ist Kirmes. In: Die Mendelssohns, hrsg. von Herbert Kupferberg, Tübingen u. Stuttgart 1977.

- *Meyer, Carl Friedrich:* … und übrigens ein artiger Ort. In: Ein Kriegsrat auf Dienstreise, hrsg. von Günther Elbin, Duisburg 1986.

- *Molitor, Jan:* Nachkriegsbilanz. In: Cavalcade 1946, Hamburg 1947.

- *Monconys, Balthasar:* Kleine, häßliche Stadt. In: Düsseldorfer Jahrbuch. Beiträge zur Geschichte des Niederrheins, im Auftr. d. Düsseldorfer Geschichtsvereins hrsg. von Bernhard Vollmer, Bd. 59, Düsseldorf 1984.

- *Paillot:* Als Réfugié in Düsseldorf. In: Düsseldorfer Jahrbuch. Beiträge zur Geschichte des Niederrheins, im Auftr. d. Düsseldorfer Geschichtsvereins hrsg. von Bernhard Vollmer, Bd. 59, Düsseldorf 1984.

- *Perotti, Berto:* Begegnung mit Otto Pankok. In: In contro con Otto Pankok/Otto Pankok: Die Richtung, hrsg. von der Otto-Pankok-Gesellschaft, Hünxe, o. J.

- *Rheinischer Antiquarius,* Denkwürdiger und Nützlicher, welcher die wichtigsten und angenehmsten geograph., histor. und politischen Merkwürdigkeiten des ganzen Rheinstroms von seinem Ursprunge an … darstellet: nebst einer kurzen Beschreibung der vornehmsten Städte in Holland …, hrsg. von Johann Hermann Dielhelm, Bd. 1. 2, Frankfurt a. M. 1744.

- *Ringelnatz, Joachim:* Brief aus Düsseldorf nach München. In: Gedichte. Das Gesamtwerk in sieben Bänden, hrsg. von Walter Pape, Bd. 2, Berlin 1985.

- *Rosenwall, P.:* Die schönen Düsseldorferinnen. In: Düsseldorfer Jahrbuch. Beiträge zur Geschichte des Niederrheins, im Auftr. d. Düsseldorfer Geschichtsvereins hrsg. von Bernhard Vollmer, Bd. 59, Düsseldorf 1984.

- *Schreiber, Alois Wilhelm:* Taschenbuch für Reisende. In: Düsseldorfer Jahrbuch. Beiträge zur Geschichte des Niederrheins, im Auftr. d. Düsseldorfer Geschichtsvereins hrsg. von Bernhard Vollmer, Bd. 59, Düsseldorf 1984.

- *Schumann, Clara:* Düsseldorfer Tagebuch. In: Clara Schumann. Ein Künstlerleben. Nach Tagebüchern und Briefen von Berthold Litzmann, Bd. 1–3. Leipzig, 1902–1909.

- *Schumann, Robert:* Angst vor der Melancholie. In: Robert Schumann im eigenen Wort, hrsg. von Willi Reich, Zürich 1985.

- *Schwager, Johann Moritz:* Reisebemerkungen. In: Düsseldorfer Jahrbuch. Beiträge zur Geschichte des Niederrheins, im Auftr. d. Düsseldorfer Geschichtsvereins hrsg. von Bernhard Vollmer, Bd. 59, Düsseldorf 1984.

- *Stahl, Enno:* Brücken nach Düsseldorf, Erstdruck, Düsseldorf 2016.

- *Stolberg, Friedrich Leopold Graf zu:* Harmonische Lieblichkeit. In: Düsseldorfer Jahrbuch. Beiträge zur Geschichte des Niederrheins / im Auftr. d. Düsseldorfer Geschichtsvereins hrsg. von Bernhard Vollmer, Bd. 59, 1984.

- *Uechtritz, Friedrich von:* Mit Bleistift und Studienbuch. In: Düsseldorfer Jahrbuch. Beiträge zur Geschichte des Niederrheins, im Auftr. d. Düsseldorfer Geschichtsvereins hrsg. von Bernhard Vollmer, Bd. 59, Düsseldorf 1984.

- *Uffenbach, Zacharias von:* Düsseldorf, sechs Meil von Wesel. In: Düsseldorfer Jahrbuch. Beiträge zur Geschichte des Niederrheins, im Auftr. d. Düsseldorfer Geschichtsvereins hrsg. von Bernhard Vollmer, Bd. 59, Düsseldorf 1984.

- *Viebig, Clara:* Eine Kindheit im alten Düsseldorf. In: Rheinische Erzähler, Düsseldorf 1914.

- *Vogt, Nicolaus und Schreiber, Alois Wilhelm:* Ansichten. In: Düsseldorfer Jahrbuch. Beiträge zur Geschichte des Niederrheins, im Auftr. d. Düsseldorfer Geschichtsvereins hrsg. von Bernhard Vollmer, Bd. 59, Düsseldorf 1984.

- *Wassenbergh, Johann von:* Mit 300 Reitern nach Düsseldorf. In: Düsseldorfer Zeitung 1879.

- *Weber, Carl Julius:* Düsseldorf. In: Düsseldorfer Jahrbuch. Beiträge zur Geschichte des Niederrheins, im Auftr. d. Düsseldorfer Geschichtsvereins hrsg. von Bernhard Vollmer, Bd. 59, Düsseldorf 1984.

Bildnachweis

Bibliografische Information der Deutschen Nationalbibliothek
Die Deutsche Nationalbibliothek verzeichnet diese Publikation in der
Deutschen Nationalbibliografie; detaillierte bibliografische Daten sind
im Internet über http://dnb.d-nb.de abrufbar.

© 2016 Droste Verlag GmbH, Düsseldorf
Umschlaggestaltung Guido Klütsch, Köln; unter Verwendung
einer Lithographie von A. Brögelmann, um 1830
© Heinrich-Heine-Institut Düsseldorf, Gaby Köster
Druck und Bindung: CPI – Clausen & Bosse, Leck
ISBN 978-3-7700-1581-8

www.drosteverlag.de